Ulrich Emil Duprée

Ho'oponopono und Familienstellen

Beziehungen verstehen,
in Liebe vergeben,
Heilung erfahren

Die Informationen in diesem Buch dienen in erster Linie der persönlichen Charakterschulung und der Heilung von Beziehungen im zwischenmenschlichen Bereich. Die Ratschläge in diesem Buch sind sorgfältig erwogen und geprüft. Sie bieten jedoch keinen Ersatz für kompetenten medizinischen Rat, sondern dienen der Begleitung und der Anregung der Selbstheilungskräfte. Alle Angaben in diesem Buch erfolgen daher ohne Gewährleistung oder Garantie seitens des Autors oder des Verlages. Eine Haftung des Autors bzw. des Verlages und seiner Beauftragten für Personen-, Sach- und Vermögensschäden ist daher ausgeschlossen.

Danke, dass Sie dieses Buch gekauft haben. Mit einem Teil unserer Einnahmen aus Büchern und Seminaren unterstützen Andrea Bruchacova und ich ein Schulprojekt in Indien, das Kindern eine Ausbildung ermöglicht und sie mit Essen und Kleidung versorgt.

ISBN Printausgabe 978-3-8434-1214-8
ISBN E-Book 978-3-8434-6261-7

Ulrich Emil Duprée:
Ho'oponopono und Familienstellen
Beziehungen verstehen,
in Liebe vergeben, Heilung erfahren
© 2015 Schirner Verlag, Darmstadt

Umschlag: Murat Karaçay, Schirner,
unter Verwendung von # 105517121
(Subbotina Anna), www.shutterstock.com
Layout: Simone Fleck, Schirner
Lektorat & Satz: Janina Vogel, Schirner
Printed by: Ren Medien GmbH, Germany

www.schirner.com

3. Auflage Juni 2018

Alle Rechte der Verbreitung, auch durch Funk, Fernsehen und sonstige Kommunikationsmittel, fotomechanische oder vertonte Wiedergabe sowie des auszugsweisen Nachdrucks vorbehalten

Inhalt

Trenne und verbinde – Teil 1 9

Das Familienstellen 15
Ein kurzer Überblick 15
Was ist eine Aufstellung? 16
Das Ziel einer Aufstellung 21
Von der Ruhe und der richtigen Dosierung 22
Das Aufstellen von Systemen 24
Das Ökosystem und das Haus, in dem wir wohnen 24
Das gemeinsame Ziel 29
Schneller ans Ziel – oder: Ordnung ist wichtig 33
Die Elemente einer Aufstellung 36
Der Klient und der Fokus 36
Der Therapeut 36
Vorurteilslosigkeit 37
Das Anliegen, die Informationen und das Wesentliche .. 37
Die Gruppe, das Feld und die Stellvertreter 42
Die Aufstellung – Praxis mit Bodenankern 45
Die Vorbereitung 45
Aufstellung 1. Akt – Startbild 46
Aufstellung 2. Akt – Bewegung 47
Aufstellung 3. Akt – Klärung und Lösung 48
Weitere Faktoren 51
Die Familie 51
Ordnung und Reihenfolge 56
Systemfehler – vom Ausschließen und den Problemen, die daraus folgen 63
Umwelt 65

Ho'oponopono 71
Was ist das? 71
Wortbedeutung 71
Die Dinge wieder richtigstellen 72
Die kosmische Ordnung wiederherstellen 72
Innen richtig und außen richtig.................................. 73
Richtig für dich und richtig für mich 74
Die historischen Strömungen des Ho'oponopono 75
Das schamanische Ho'oponopono: Die Heilung des Körpers 75
Das traditionelle Ho'oponopono: Das Heilen von Beziehungen 77
Das moderne Ho'oponopono: Hilfe zur Selbsthilfe 79
Das vereinfachte Ho'oponopono: Eine Friedensformel in vier Sätzen 79
Wer oder was heilt in einem Ho'oponopono? 83
Ursachen und Probleme 84
Die Liebe und die Urquelle 85

Verbinden und lösen – Familienstellen und Ho'oponopono 89
Der Frieden beginnt mit mir 89
Huna und die schamanischen Lehren Hawaiis 90
Ike – Sichtweise: Die Welt ist subjektiv 91
Makia – Fokus: Die Energie folgt der Aufmerksamkeit 94
Kala – Freiheit: Es gibt keine Grenzen, sondern nur Möglichkeiten 96
Mana – Energie: Einer für alle und alle für einen 97
Manawa – Zeitpunkt: Mit voller Kraft voraus 99

Aloha – Liebe: Glücklich sein mit dem, was ist 104
Pono – Flexibilität: Die Wirksamkeit ist
das Maß der Wahrheit 105
Ohana – die äußere Familie 108
   Die Ahnen *(Aumakua)* 109
   Durch Vergebung die Beziehung zu den Eltern heilen 110
   Ahnenprogramme im Download 112
   Eine Familienkonferenz zur Geburt 116
   Die Eltern, die Älteren, die Weisen und die Lehrer 118
Die drei Selbste – die innere Familie 121
   Unihipili – das untere Selbst,
Unterbewusstsein und inneres Kind 121
   Uhane – das mittlere Selbst 123
   Aumakua – das höhere Selbst 126
Vergebung als Schlüssel 127
   Das Handeln nach einem neuen Rezept 130
   Installieren Sie ein neues Leben 131

Ein Beispiel 135

Trenne und verbinde – Teil 2 143

Anhang 147
   Die hawaiianische Familienkonferenz im Detail 147
   Hilfreiche Listen 154
   Worterklärungen 157
   Dank 159
   Über den Autor 159
   Bildnachweis 159

Gewidmet meinen Eltern

Trenne und verbinde – Teil 1

Wir alle streben danach, glücklich zu sein. Doch manchmal ist dies nicht so einfach. Sicher kennen Sie auch Streitereien um völlig nichtige Anlässe, Liebeskummer, Trauer und Enttäuschung. Vielleicht wussten Sie schon einmal einfach nicht weiter oder waren zutiefst verzweifelt. Ich kenne solche Situationen und bin überzeugt davon, dass auch Sie diese in der einen oder anderen Art erlebt haben. Der einzige Unterschied ist, dass wir verschiedene Geschichten mit diesen Situationen verbinden, ansonsten teilen wir alle die gleichen nagenden Gefühle – und wir alle können uns von ihnen befreien. Dieses Buch wendet sich an Sie, liebe Leserin und lieber Leser, an Menschen, die Lebenshilfe geben und Lebenshilfe suchen, an jeden, der ein glückliches, harmonisches Leben führen, liebevolle Beziehungen haben und materielle und spirituelle Fülle erreichen möchte. Auf den folgenden Seiten finden Sie dafür zwei wundervolle Werkzeuge: das Familien- bzw. Systemstellen und das hawaiianische Vergebungsritual Ho'oponopono. Ausgerüstet mit diesen Werkzeugen können Sie Steine aus dem Weg räumen und so Ihren Zielen näherkommen.

Als Berater und Seminarleiter ist es mein Anliegen, Ihnen zu zeigen, wie Sie (1) das lösen können, was Sie in Ihrem Leben bremst, und wie Sie (2) Ihre Beziehungen heilen können. Auf diese Weise erhalten Sie die Möglichkeit, erfolgreicher in Ihrem Leben zu werden, denn erst eine gute Beziehung zu uns selbst, zu unseren Mitmenschen, zur Natur und zu unserem spirituellen Ursprung macht uns erfolgreich. Es sind schließlich immer unsere Mitmenschen, die uns Türen öffnen.

In diesem Büchlein finden Sie neben kleinen Exkursen in die Welt der Sozial- und Verhaltenspsychologie vor allem eine einfache Anleitung zum Familien- bzw. Systemstellen und darauffolgend eine Beschreibung der hawaiianischen Familienkonferenz Ho'oponopono.

Schon die Bezeichnungen »Familienstellen« und »Familienkonferenz« weisen auf ihre Gemeinsamkeit hin, einen Menschen mit seinen Herausforderungen nicht isoliert, sondern im Kontext seines Umfeldes zu sehen. Parallel dazu erfahren Sie deshalb in praktischen Übungen, wie Sie diese beiden Methoden miteinander verbinden können – zu Ihrem persönlichen Nutzen und zum Wohle der Welt, in der Sie leben. Diese Herangehensweise, einzelne Elemente zu untersuchen und sie dann zu etwas noch Wirkungsvollerem zu verbinden, wurde durch den Arzt, Philosophen und Mystiker Paracelsus (1493–1541) unter dem Namen »Spagyrik« (griech.: *spao* = trennen und *ageiro* = vereinigen, zusammenführen) bekannt. Dieses Naturheilverfahren bezieht sich auf die pharmazeutische und therapeutische Umsetzung nach sehr alten überlieferten Rezepturen. Als Beispiel sei hier die Herstellung von Cremes angeführt, die erst durch die Verbindung von bestimmten Kräutern ihre heilsame Wirkung unterstützen und verstärken.

Auf dieser Reise durch 160 Seiten begegnen wir dem Prinzip großer Philosophen wie z. B. Sokrates oder Seneca, die uns empfehlen, (1) herauszufinden, wer wir sind, und (2) dann genau das zu sein. Sie ahnen also, dass es in diesem Büchlein um Selbsterfahrung geht: Sie werden etwas über sich selbst erfahren – und das ist das Entscheidende. Da jede Wissenschaft immer eine theoretische und eine praktische Komponente besitzt, habe ich dieses Buch zusätzlich zu den Übungen mit Lösungssätzen, kleinen Geschichten und Fallbeispielen gewürzt, damit Sie sofort konkrete Ergebnisse sehen bzw. fühlen können. Kleiner Tipp: Legen Sie sich am besten eine Art Arbeitsbuch an, z. B. in Form eines Collegeblocks, in dem Sie Ihre Erkenntnisse schriftlich festhalten können. Diese didaktische Vorgehensweise hilft Ihnen dabei, Veränderungen zu erkennen und Ihr neu erworbenes Wissen zu verankern. Hierbei ahmen wir die großen Ayurveda-Lehrer nach, die niemals etwas an anderen, sondern jede Medizin immer zuerst an sich selbst ausprobiert haben. Es wird also praktisch!

Ho'oponopono und Familienstellen

Es ist nicht genug, zu wissen,
man muss auch anwenden.
Es ist nicht genug, zu wollen,
man muss auch tun.

Johann Wolfgang von Goethe (1749–1832),
in: Wilhelm Meisters Wanderjahre

Der amerikanische Psychologe Chuck Spezzano wies in seiner von ihm entwickelten Technik *Psychology of Vision* darauf hin, dass alles in irgendeiner Art und Weise mit allem verbunden sei, alles in Relation zueinander stehe und damit jedes Problem im Grunde ein Beziehungsproblem sei. Als ich dies das erste Mal hörte, fiel es mir wie Schuppen von den Augen: Ich sollte meine Beziehungen heilen – die zu meinem Körper, zu meinen Eltern, zu meinem Geld, ja, die zu meinen unaufgeräumten Schubladen und schließlich zu allem, was existiert. Plötzlich sah ich mich nicht mehr als ein Opfer der Umstände, sondern ich erkannte, dass ich bei allen Schwierigkeiten eine aktive Rolle innehatte und damit auch zu einhundert Prozent die Macht besaß, etwas zu ändern. Veränderte ich etwas in mir, so müsse sich die ganze Relation neu organisieren. In diesem Sinne: Danke, lieber Chuck Spezzano! Ja, es sind immer andere, die uns Türen öffnen und unser Leben bereichern.

Haben Sie wenig oder nicht genug Geld, so ist das ein Beziehungsproblem – vielleicht eines mit Ihrem Arbeitgeber, Ihren Kunden oder mit der flüssigen Energie Geld an sich. In jedem Fall handelt es sich aber um ein Problem, das Sie mit sich selbst haben. Welches Bild haben Sie von sich? Was sind Sie sich wert? Haben Sie Vertrauen in sich? Wo stehen Sie sich selbst im Weg? Lieben Sie sich so sehr, dass Sie sich nur das Beste gönnen und dafür auch etwas leisten wollen? All das sind wichtige Fragen in einer Beziehung. Wie steht es also um Ihre Beziehungen, z. B. zu Ihren Eltern, Ihrer Berufung, Ihrer Figur, Ihrer Vergangenheit und Ihrer Zukunft, zum Erfolg Ihrer Mitmenschen? Oder ziehen Sie es vor, nicht an diese Beziehungen zu denken, weil Sie sie als belastend empfinden und lieber verdrängen wollen? Irgendwann werden sich diese Fragen jedoch wie von selbst wieder in den Vordergrund drängen. Setzen Sie sich daher mit sich selbst und Ihren Beziehungen auseinander. Die Menschen in unserer nahen Umgebung sagen viel über uns aus. Es gibt Studien, die erklären, wir seien der Durchschnitt jener fünf Menschen, mit denen wir die meiste Zeit verbringen. Doch betrachten Sie auch einmal Ihre Wohnung, Ihr Auto und all die anderen Objekte in Ihrem Umfeld. Wem schenken Sie mehr und wem weniger Aufmerksamkeit? Was stört Sie, und was müsste längst repariert werden? Ich bin überzeugt davon, dass Sie, liebe Leserin und lieber Leser, zu jenen fünf Prozent der Menschen gehören, die sich für Selbsterkenntnis interessieren.

In diesem Buch wollen wir uns gemeinsam auf eine Reise begeben und viele verschiedene Beziehungen heilen. Es wird sich lohnen, denn Umfragen, u. a. von der Stanford University, haben gezeigt, dass unser Empfinden von Glück und persönlichem Erfolg größtenteils von unseren zwischenmenschlichen Beziehungen abhängt. Wir sind soziale Wesen, und die Psychologinnen Arie Shirom, Sharon Toker und Yasmin Akkaly von der Universität Tel Aviv konnten in einer zwanzig Jahre andauernden Studie sogar zeigen, dass man durch glückliche Beziehungen am Arbeitsplatz länger lebt.[1] Mit Familienstellen und Ho'oponopono im Gepäck sind wir also hervorragend ausgerüstet, um einen großen Sprung zu machen – einen Sprung in Richtung innerem Frieden und Selbstbestimmung. Also Leinen los – und auf geht's!

---

[1] Work-Based Predictors of Mortality: A 20-Year Follow-Up of Healthy Employees, veröffentlicht in: Health Psychology, American Psychological Association, 2011, Vol. 30, No. 3, 268–275.

Das Familienstellen

Ein kurzer Überblick

Das Anliegen: Das Interview mit dem Klienten
Die Offenlegung: Das Sichtbarwerden der systemhemmenden Zusammenhänge
Die Lösung: Das Hinbewegen zur Lösung und das Lösungsbild

Familienaufstellen findet häufig an einem Wochenende statt. Menschen mit einem speziellen Anliegen und Interessierte kommen auf Einladung eines Familienaufstellers (des Therapeuten) zusammen. Alle sitzen im Kreis. In der ersten Phase fragt der Therapeut nun denjenigen mit einem Anliegen (den Klienten) nach seinem offensichtlichen Problem und betrachtet dann dieses Thema im Kontext der jeweiligen Familiensituation – möglicherweise über zwei bis drei Generationen hinweg. Er fragt den Klienten, welche besonderen Schicksalsschläge sich in der Familie ereignet haben, ob die Eltern noch leben, wie die Beziehung zu ihnen ist und ob es Gewaltverbrechen, Todesfälle oder unerwünschte, ausgeklammerte Familienmitglieder gibt. Dann wählt der Therapeut aus der Gruppe von zehn bis zwanzig Personen mehrere Stellvertreter aus, die sich stellvertretend für die Familienmitglieder im Raum aufstellen. Man beginnt mit wenigen Repräsentanten und arbeitet sozusagen mit dem Kern der Familie und mit jenen Familienmitgliedern, die direkt am Schicksal beteiligt sind. Während sich die Stellvertreter in dieser zweiten Phase in ihre Rollen einfühlen, passiert das für eine Aufstellung Typische, das Besondere und Aufschlussgebende: das Phänomen der repräsentativen Wahrnehmung.

Empirisch nachgewiesen, doch aus bisher noch nicht geklärten Gründen fühlen und verhalten sich die Stellvertreter nun wie ihre Vorbilder, zeigen bisweilen sogar vergleichbare Symptome. Dadurch werden die Beziehungskonflikte und Schicksalszusammenhänge sichtbar. Nach und nach stellt der Therapeut die Beteiligten so um, dass er Ordnung in das System bringt. In einer dritten Phase bewegen sich die Teilnehmer dann begleitet vom Therapeuten selbst zu einem lösenden und versöhnenden Bild hin. In diesem sogenannten Lösungsbild stehen die Stellvertreter an einem Platz, an dem, wie man sagt, die Liebe fließen kann. Das, was blockierend war, wurde gelöst, weshalb sich im Lösungsbild die Teilnehmer meist ruhig, gestärkt, erleichtert und hoffnungsvoll fühlen. Ist dieses Bild erreicht, wird der Klient, der während der Aufstellung neben dem Therapeuten gesessen und das Geschehen von sich getrennt beobachtet hat, nun selbst in die Rolle seines eigenen Stellvertreters gestellt. Dort erlebt er ebenfalls den versöhnenden Zielzustand, der schließlich mit lösenden Sätzen und kleinen Ritualen (z. B. Verbeugungen) verankert wird.

Was ist eine Aufstellung?

> Eine Systemaufstellung ist das Sichtbarmachen von Beziehungskonflikten durch Stellvertreter im Raum.

Als Systemaufstellung bezeichnet man allgemein die Methode, Personen aus einer vorhandenen Gruppe auszuwählen, die dann stellvertretend für Mitglieder oder für Teile eines Systems in einem Raum miteinander in Beziehung gestellt werden. Das Familienstellen gehört zu den Systemaufstellungen und wird als therapeutisches Werkzeug auch zur phänomenologischen Psychotherapie gezählt. Man spricht hier von

Phänomenen, da es in einer Aufstellung Wirkweisen und Effekte gibt, deren Ursachen sich (1) physikalisch nicht messen lassen und (2) statistisch kaum erfassbar sind, und (3) jede Aufstellung einzigartig ist, d. h. sich nicht reproduzieren lässt. Diese drei Faktoren machen das Systemstellen zu einem nichtwissenschaftlichen Verfahren, denn wissenschaftlich bedeutet, dass sich eine Wirkung vorhersagbar nachweisen lässt – und dies ist beim Systemstellen ja gerade nicht der Fall.

Beim Familienstellen wird durch das intuitive Positionieren der Stellvertreter das innere Bild des Klienten hinsichtlich der Familienrelationen und Wechselwirkungen nach außen gebracht. Wie auf einer Bühne zeigen sich in dieser Aufstellung subtile Beziehungskonflikte, die zum einen das System (in diesem Fall die Familie, es kann sich aber auch um eine Partnerschaft oder eine Firma handeln) in seiner natürlichen Funktion stören und zum anderen den Menschen daran hindern, sein volles Potenzial zu entfalten. So sieht der Klient seinen Konflikt und die Zusammenhänge durch Stellvertreter dissoziiert, also von sich getrennt, und kann leichter erkennen, was stört, was fehlt, und möglicherweise sogar, was zur Lösung beitragen kann. Eine Aufstellung birgt und bringt Hilfe in kritischen Lebenssituationen durch Erkenntnis.

Fallbeispiel

Peter, 42, zum zweiten Mal verheiratet, ist ratlos und sucht Hilfe. Sein Vater hatte die Familie früh verlassen, und seine Mutter war vor vier Jahren gestorben. In seiner Arbeit fühlt er sich unterfordert, aber trotzdem ständig unter Druck gesetzt. Seinen Chef hält er für unfähig, und zu Hause haben er und seine Frau einander nichts zu sagen. Peter fühlt sich erschöpft, traurig und hilflos.

Die Aufstellung: Klient Peter sitzt neben mir, seinem Therapeuten, und beobachtet zunächst die Aufstellung. Aus einer Gruppe von zehn Teilnehmern wählen wir fünf Stellvertreter in zeitlicher Reihenfolge für Peter selbst, die Mutter, den Vater, die zweite Ehefrau (Monika) und die erste Ehefrau (Ruth).

Peters Stellvertreter steht im Zentrum und blickt nach vorn auf den Boden (ein möglicher Hinweis auf die verstorbene Mutter). Wir bitten die Stellvertreterin der Mutter, sich an jenen Punkt zu stellen, auf den Peter blickt. Als Nächstes holen wir den Stellvertreter des Vaters dazu, der sich intuitiv abseits stellt. Peters Stellvertreter schwankt daraufhin unruhig hin und her und wirkt gleichzeitig kraftlos. Nacheinander bitten wir nun die Stellvertreterinnen der Ehefrauen dazu. Beide stellen sich etwas abseits hinter die Mutter (Grafik 1).

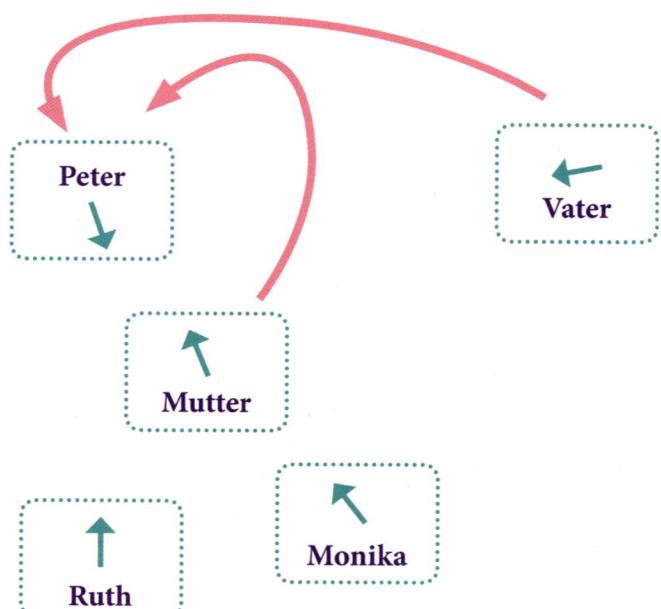

Wir befragen die Stellvertreter nach ihren Empfindungen. Peters Stellvertreter fühlt sich matt und vom Vater abgelehnt und verlassen. Die Stellvertreterinnen von Monika und Ruth fühlen sich nicht wahrgenommen und können Peter selbst kaum sehen, weil er von der Mutter verdeckt wird, Ruth ist sogar wütend deswegen. Der Stellvertreter des Vaters würde gern noch weiter aus der Szene herausrücken. Die Stellvertreterin der Mutter fühlt sich sorgenvoll.

Wir sehen hier nun folgenden Konflikt: Der Vater war in Peters Kindheit abwesend, wodurch Peter Anteile an männlicher Energie fehlen. Peters Schwanken ist ein Hinweis darauf, dass er seinen Vater einerseits ablehnt, sich als Sohn andererseits aber zum Vater hingezogen fühlt. Sein Vertrauen ist gestört, und die Loyalität zur Mutter bindet ihn an diese. Die Beziehung zur Mutter, die den abwesenden Vater ersetzt hat, versperrt den Weg zu Ruth und Monika. Vielleicht hat Peter unbewusst die Rolle des Partners der Mutter übernommen und konnte sich dadurch keiner seiner Ehefrauen vollkommen zuwenden. Ob die Mutter dabei eine aktive Rolle gespielt hat, soll sich im weiteren Verlauf der Aufstellung zeigen.

Mit allen Beteiligten arbeiten wir nun mit kleinen Ritualen und lösenden Sätzen und bewegen die Stellvertreter in drei Schritten zum versöhnenden (Grafik 2) und natürlich geordneten Lösungsbild (Grafik 3) hin. Hier stehen Vater und Mutter hinter dem Sohn, und seine Ehefrau Monika steht vor ihm. Zum Abschluss stellen wir Peter selbst in seine Position, damit er die stützende Kraft seiner Eltern wahrnehmen und sich mit Monika und Ruth aussöhnen kann. Monika und Peter fallen sich in die Arme. Sie drehen sich schließlich nach vorn und stehen als Ehepaar nebeneinander. Die gesamte Aufstellung hat etwas länger als eine Stunde gedauert.

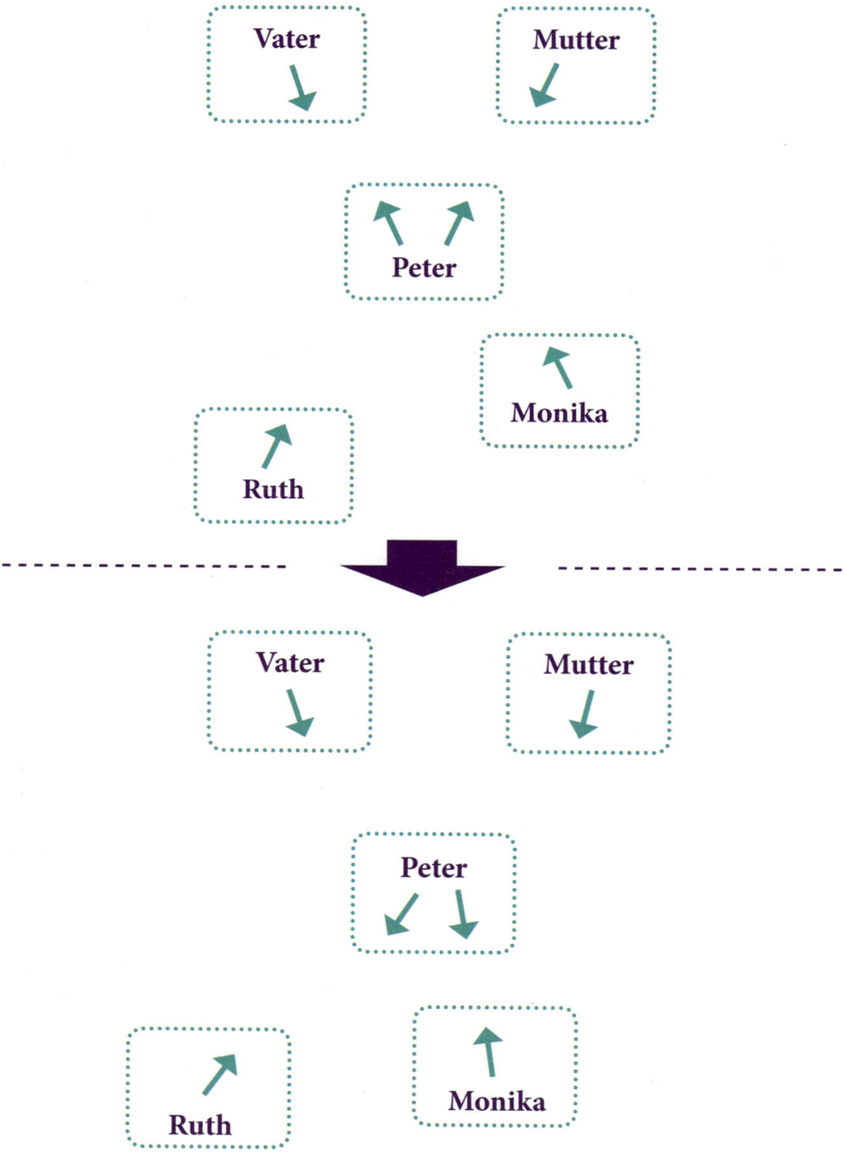
Vater
Mutter
Peter
Monika
Ruth
Vater
Mutter
Peter
Ruth
Monika

Das ursprüngliche Thema, der Konflikt mit dem Chef, erwies sich, wie Peter in einem Nachgespräch etwa zwei Monate später berichtet, als Projektionsfläche (Ablehnung des Vaters). Durch das Aufstellen der Familiensituation und das versöhnende Ritual hat sich auch dieser Konflikt gelöst. Peter hat die Kompetenz seines Vorgesetzten erkannt und bringt nun seine eigenen Fähigkeiten konstruktiv mit in das Unternehmen ein. Er und Monika besuchen einen gemeinsamen Tanzkurs, um sich wieder näherzukommen.

Das Ziel einer Aufstellung

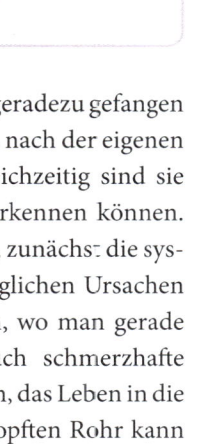

Zeigen, sehen, erkennen und spüren.
In Bewegung bringen.
Aufweckende Erkenntnisse gewinnen.
Symptome und Ursachen lösen.

Viele Menschen fühlen sich in ihren Lebenssituationen geradezu gefangen und energielos. Unbewusst suchen sie nach einem Sinn, nach der eigenen Bestimmung und nach einem Ort der Erfüllung. Gleichzeitig sind sie aber derart beschäftigt, dass sie keinen Lösungsweg erkennen können. Wo soll man beginnen? Das Ziel einer Aufstellung ist es, zunächst die systemhemmenden (dysfunktionalen) Kräfte und die möglichen Ursachen der Verstrickungen zu erkennen. Von außen zu sehen, wo man gerade steht, kann dabei eine sehr intensive, vielleicht auch schmerzhafte Erfahrung sein und so den entscheidenden Impuls geben, das Leben in die eigene Hand zu nehmen. Ähnlich wie bei einem verstopften Rohr kann eine Aufstellung etwas in Bewegung bringen und damit die blockierte Energie lösen. Sie kann uns zu erschütternden Erkenntnissen führen und uns so ermutigen, die eigenen Probleme zu lösen. Allerdings ist eine

Aufstellung keine Kopfschmerztablette, die man einfach schlucken kann und sich dann zurücklehnen, um so weiter zu machen wie bisher. Man muss aktiv etwas ändern wollen.

Wichtig ist dabei, nicht nur die offensichtlichen Probleme zu lösen, sondern möglichst auch die darunterliegenden Ursachen – d.h. die Muster, frühkindlichen Verletzungen, Verstrickungen und Ahnenprogramme. In Indien sieht man manchmal Menschen mit großen Beulen, für die es erst einmal darum geht, dass die Schmerzen aufhören und die Schwellungen abklingen. Doch wenn die offensichtlichen Symptome verschwunden sind, sind sie noch nicht geheilt. Damit die Beulen nicht wiederkehren, muss das Blut gereinigt werden, und der Patient ist aufgefordert, einer sehr strengen Diät zu folgen – er muss also sein Leben ändern. Genau so verhält es sich auch mit unserem Leben: Ein schlimmer Streit mag beigelegt sein, doch wenn die frühkindliche Verletzung, das Drama und das Trauma, noch nicht erlöst wurde, ist es nur eine Frage der Zeit, bis wieder etwas in die alte Wunde greift, den roten Knopf drückt und das Thema erneut hochkommt. Daher wollen wir in einer klassischen Familienaufstellung wie auch in der Familienkonferenz Ho'oponopono sowohl die Symptome als auch die Ursachen der Problematik bereinigen.

Von der Ruhe und der richtigen Dosierung
Während einer Aufstellung und in den Monaten danach passiert etwas im seelischen Bereich des Klienten, und es bedarf dieser Zeit, damit es sich dort setzen und sanft wirken kann. Der Klient muss sozusagen ankommen können, weswegen viele Familienaufsteller raten, einige Monate zwischen zwei Aufstellungen verstreichen zu lassen. Die Kraft liegt bekanntlich in der Ruhe – und deshalb in der richtigen Dosierung. Es ist nicht möglich, in einer einzigen Aufstellung das ganze Leben wie durch einen Zauber wieder in Ordnung zu bringen. Man arbeitet in Schichten, beginnt dabei beim Offensichtlichen (z.B. bei einem konkreten Streit oder Existenzproblemen) und bewegt sich dann zu den tiefer liegenden

Ursachen hin. Es ist wie bei der Behandlung einer Krankheit, bei der Ihnen ein Arzt zur Genesung zwanzig Tabletten verschreibt und Sie nur, wenn Sie die Tabletten wohldosiert einnehmen, einen heilenden Effekt erzielen. Nehmen Sie hingegen alle zwanzig auf einmal, haben Sie wahrscheinlich nichts davon oder – im Gegenteil – schadet es Ihnen sogar.

Das Aufstellen von Systemen

Das Wort »System« stammt aus dem Griechischen: *Sys* heißt »zusammen«, und *thema* übersetzt man mit »Tagesordnung« und frei mit Ziel und »Handlung«. Die Elemente eines Systems behandeln also ein gemeinsames Ziel und bilden zusammen einen übergeordneten Gegenstand. Ordnung, harmonisches Miteinander und synergetisches Handeln sind die Merkmale eines Systems. Jede einzelne Zelle Ihres Körpers, jede kleinste lebende Einheit aller Organismen ist z. B. ein hoch entwickeltes, winziges System, in dem Mitochondrien, Nukleus, Ribosomen etc. an einem gemeinsamen Ziel arbeiten – der Erhaltung von Leben. Sie bilden dabei übergeordnete funktionelle Einheiten wie das Bindegewebe, Nerven oder Organe, das Herz-Kreislauf- oder das vegetative System. Etwa hundert Billionen Zellen bilden zusammen Ihren Körper. Jeder von uns ist eine physiologische und psychologische Vielheit in der Einheit, da jede einzelne Zelle mit Bewusstsein, Intelligenz und Geist ausgestattet ist. Über einige Zellverbände besitzen Sie die Kontrolle, auf manche haben Sie Einfluss, doch viele entziehen sich Ihrer Hoheit. Und genauso ist eine Familie ein kleines System, und viele Familien zusammen bilden ein Dorf, eine Stadt und ein Land – alles wiederum Systeme. Ihr Arbeitsplatz und Ihre Firma sind Systeme, in denen man an gemeinsamen Zielen arbeitet. Ihr Auto ist ein System mit dem Ziel, Sie von A nach B zu bringen. Alles um Sie herum bildet Systeme und Beziehungen, und wann immer Sie glücklicher sein und sich Ihr Leben einfacher machen wollen, ist dies eine Art von Systemoptimierung.

Das Ökosystem und das Haus, in dem wir wohnen

Alle Lebewesen auf diesem Planeten sind miteinander verbunden. Wir leben in einem gemeinsamen Ökosystem. Das Wort »Ökosystem« stammt zum einem von dem altgriechischen Wort *oikós* ab, das »Haus« bedeutet, und zum anderen von dem uns bereits bekannten »System«, das darauf hinweist, dass alles auf der Erde ein gemeinsames Thema hat. Wir bewohnen also alle dasselbe Haus, und dort gibt es wahrlich komplexe Beziehungen unter den einzelnen Mietern. Der Begriff »Mieter« trifft es sehr gut, denn kein Mensch und kein Tier hat dieses Haus gebaut. Alles war schon vorhanden, und der vermeintlich Stärkere nimmt sich manchmal das Recht heraus – sei es mit Waffen- oder mit wirtschaftlicher Gewalt –, so zu leben, wie er möchte. Dennoch leben alle unter einem Dach, und wenn ein paar Mieter sich falsch verhalten, die anderen Mitbewohner, die Tiere und Pflanzen, das Land, das Wasser und die Luft zunächst stören und dann zerstören, sind alle Mieter betroffen – alle, denn es gibt weder jemanden, der außerhalb des Ökosystems wohnt, noch gibt es ein zweites Haus, in das man umsiedeln könnte.

Der Vertrag, sich zu vertragen

In alten hawaiianischen Gesängen wird berichtet, dass die Menschen einst mit Mutter Erde einen Vertrag geschlossen haben. Damals war der Planet noch vollständig von Wasser, dem Ur-Ozean, bedeckt, und um Land zu bekommen, willigten die ersten Menschen ein, sich um die Erde zu kümmern, sie zu pflegen und für die Lebewesen, die Brüder und Schwestern in der Tier- und Pflanzenwelt, zu sorgen. Als Gegenleistung erhielten sie von Mutter Erde alles, was sie zum Leben benötigten, und so lebten die ersten Menschen, die alten Hawaiianer und alle indigenen Völker über viele Jahrtausende in Harmonie und im Einklang von Geben und Nehmen, oder mit anderen Worten: Sie hinterließen keinen ökologischen Fußabdruck – im Gegensatz zu den heutigen Menschen.[2]

---

[2] Der ökologische Fußabdruck zeigt an, wie viel Platz ein Mensch verbraucht, um seinen derzeitigen Lebensstandard zu halten. Je größer der Fußabdruck ist, desto mehr nimmt der Mensch von der Erde. Zurzeit verbrauchen die Menschen die Erde circa um den Faktor 1,5. Ihren persönlichen »Ausbeutungsfaktor« können Sie auf verschiedenen Internetseiten berechnen lassen.

Übung

Eine Übung von großen und ganz großen Beziehungen

Wir wollen nun die Beziehungssysteme »persönliche Mutter« und »Mutter Natur« untersuchen. Genau so, wie jeder Mensch eine individuelle Mutter hat, die durch ihren eigenen Körper den Körper ihres Kindes hervorbringt, so bringt Mutter Natur die Körper aller Lebewesen hervor. Unser individueller Körper wurde von unserer persönlichen Mutter geboren, und die Körper aller Lebewesen, die Elemente aller physischen Körper, stammen von Mutter Natur ab. Sie sind Materie (lat.: *materia* = Stoff, Ursache, von lat.: *mater* = Mutter).

Untersuchen Sie nun bitte Ihre Beziehung zu Ihrer persönlichen Mutter und anschließend Ihr Verhältnis zu Mutter Natur. Stellen Sie sich dafür ernsthaft und kritisch folgende Fragen:

Was schätze ich an meiner Mutter?
Was kritisiere ich an meiner Mutter?
Müsste sich meine Mutter ändern, damit ich glücklich wäre?

Was schätze ich an der Natur?
Was stört mich an der Natur?
Wie müsste sich die Natur ändern, damit es mir besser ginge?

Ho'oponopono und Familienstellen

Das Stellvertreten ist der zentrale Punkt des Familienstellens und generell eine Methode der Kommunikation zwischen verschiedenen Existenzebenen. Stellvertreter und Repräsentanten finden sich überall in unserem Alltag: Auf diplomatischer Ebene werden Nationen von Botschaftern und Ministern vertreten, ein Richter spricht im Namen des Volkes, die Ikonen in griechisch-orthodoxen Kirchen und Klöstern gelten als die direkten Vertreter der Heiligen im Himmel. Im Alten Testament wird zudem berichtet, wie die Stammesgottheit der Söhne Abrahams Moses als brennender Dornbusch erschien. Als Moses fragte, ob es der Herr sei, erhielt er die Antwort: »Ich bin das.« Dieses Verständnis, dass die Urquelle »auch das« ist, finden wir in vielen Kulturen, etwa bei den alten Hawaiianern und der vedischen Hochkultur, und es ist leicht nachzuvollziehen: Die Gesamtheit war in einem dimensionslosen Punkt komprimiert und hat sich nun in die Vielfalt ausgedehnt. Weil alles aus einer einzigen Quelle stammt, ist diese in allem, was ist, präsent. Das, was existiert, ist im Grunde ihr gesamter Körper, und da die Urquelle alles mit Bewusstsein durchdringt, kann sie durch alles hindurch wahrnehmen und gleichzeitig Botschaften übermitteln. Auf unsere Ebene heruntergebrochen, können wir Menschen begegnen, die sich manchmal mit den Objekten in ihrem Leben – wie z. B. dem Auto – in geradezu absurder Weise identifizieren. Die Gegenstände in unserem Umfeld stellen immer eine Art Erweiterung unseres Bewusstseins dar. Unsere Kleidung, unsere Möbel usw. – all das haben wir gewählt, und es vertritt uns auf gewisse Art und Weise. In der folgenden Übung greifen wir einen alten Sanskrittext auf: die *Bhumi-Gita* (sans.: *bhumi* = Erde, *gita* = Gesang). Hier, im *Gesang der Erde* (Bhagavad Purana, Canto 12), lässt sich der Planet von einem Kalb vertreten, um zu den Menschen zu sprechen. In der Repräsentation von Mutter Erde durch ein hilfloses, Menschen ausgeliefertes Kalb steckt eine Botschaft an die Menschheit: Genauso wie ein Kalb Schutz braucht, um nicht von unbarmherzigen Menschen getötet zu werden, so bedarf auch die Mutter Natur Schutz vor der Hand gewissenloser Menschen.

Übung

Bezugssysteme, Stellvertreter und Repräsentanten

Lesen Sie sich die Übung bitte zunächst durch, und erfassen Sie, was zu tun ist, nämlich

(1) fühlen, (2) visualisieren, (3) fühlen und (4) reflektieren.

Im Anhang finden Sie zwei Gefühlslisten. Wählen Sie aus diesen zwei Begriffe aus, die Ihren emotionalen Ist-Zustand am besten beschreiben. Wie fühlen Sie sich gerade?

In der altindischen *Bhumi-Gita* spricht die Erde zu den Menschen, indem sie die Gestalt eines Kalbes annimmt. Schließen Sie nun bitte die Augen, und stellen Sie sich für circa eine Minute die Erde in Gestalt eines Kalbes vor, das in einem Abstand von etwa drei Metern vor Ihnen steht. Betrachten Sie dieses Kälbchen, und nehmen Sie seine Energie wahr. Öffnen Sie die Augen, und suchen Sie aus den Gefühlslisten im Anhang jene beiden Begriffe, die jetzt Ihren emotionalen Zustand am besten beschreiben. Was hat sich verändert? Schließen Sie erneut die Augen, und visualisieren Sie nochmals die Erde, die als Kalb in einem Abstand von etwa drei Metern vor Ihnen steht. Verneigen Sie sich nun langsam und respektvoll vor dem Kalb.

Öffnen Sie allmählich die Augen, und finden Sie aus den Gefühlslisten im Anhang nun jene Begriffe, die Ihren neuen emotionalen Zustand beschreiben. Wie unterscheiden sich Ihre drei emotionalen Zustände, vor, während und nach der Übung, voneinander?

Das gemeinsame Ziel

Der Kosmos ist Harmonie

Das größte bekannte System, die große Einheit, ist unser Kosmos (altgriech.: *kósmos* = Ordnung, Harmonie). Unser Universum (lat.: *unus* und *versus* = in eins gekehrt) ist eine einzige grandiose Symphonie, in der sich wie in einem Hologramm alles in allem spiegelt und die Gesamtheit im Teil erkannt werden kann. Sie kennen sicherlich die topografischen Karten der Fußreflexzonenmassage oder der Irisdiagnose, auf denen der gesamte Körper dargestellt wird. Unser menschlicher Körper, der Mesokosmos, spiegelt die megalokosmischen Ordnungsprinzipien genauso wider wie eine Blume oder ein Berg.[3] Musikalische Tonleitern entsprechen z. B. den Abständen und Umlaufzeiten der Planeten, und obwohl ein Atom selbstverständlich kein Sonnensystem ist, ist es doch ähnlich aufgebaut. Dieses kosmische Echo wurde in der europäischen Schule durch den antiken griechischen Philosophen Pythagoras (570–510 v. Chr.) bekannt. Man nennt es auch Quadrivium (lat.: vier Wege), und sein Ziel ist es, den grundlegenden Wert der Schönheit, der Harmonie und der Ganzheit in allem zu erkennen. Der Kosmos ist Harmonie und Ordnung.

Gemeinsame Ziele und gemeinsame Werte

In einem System arbeiten alle zusammen an einem Ziel. Wenn dieses Ziel aus den Augen verloren wird, entsteht Uneinigkeit, Disharmonie, und die Mitglieder des Systems werden unzufrieden. Dies ist z. B. der Fall, wenn es in einer Familie, einer Firma oder einem Verein an Kommunikation

---

[3] Die Triade Mikro-, Meso- und Makrokosmos wurde in der Philosophenschule des Pythagoras gelehrt. Der Mikrokosmos ist die Ebene der kleinen Dinge wie Atome, Mikroben und Insekten, der Mesokosmos bezieht sich auf die Ebene des menschlichen Körpers, und der Makrokosmos ist eine Beschreibung der Natur. Hinzu kommt der Megalokosmos, ein Begriff, der von dem Philosophen und Komponisten Georges I. Gurdjieff (1866–1949) geprägt wurde und sich auf das gesamte Universum mit seinen Galaxien, Sternennebelr, Pulsaren und Schwarzen Löcher bezieht.

mangelt und die Bedürfnisse des Einzelnen nicht respektiert werden. Andererseits kann Unzufriedenheit aber auch der Beginn wichtiger Veränderungen sein, schließlich lernt man Gesundheit oft erst dann schätzen, wenn man krank ist, und eine gute Beziehung, wenn man sie nicht mehr hat. Man nennt dies das Goldfisch-Phänomen: So, wie ein Goldfisch, der (1) das lebensspendende Wasser erst wertschätzt, wenn es nicht mehr da ist, und (2) für die offensichtlichen und großartigen Möglichkeiten im Leben blind ist, so haben wir viel Gutes um uns herum und neigen doch dazu, uns zu beklagen. Auch wenn neunundneunzig Prozent im Leben hervorragend verlaufen, starren Menschen auf das eine problematische Prozent *(Focus of Deficiency)*. Was also wehtut, wird erinnert, und diese Erinnerung kann Erkenntnis und persönliches Wachstum bringen – und exakt danach suchen wir in einer Aufstellung.

Dieses Problem lässt sich anhand von Unternehmen veranschaulichen, bei denen es (1) an konstruktiver Kommunikation fehlt und (2) das gemeinsame Ziel nicht bekannt ist. Der amerikanische Unternehmensberater Brian Tracy, der von solchen Unternehmen als Berater für eine strategische Unternehmensanalyse und -planung engagiert wird, hat dazu ein interessantes Spiel namens *Behalte deinen Job* erdacht. Er fragt die Manager eines Unternehmens: »Was sind die Aufgaben Ihrer nächsten Untergebenen? Was erwarten Sie von ihnen? Was sind deren primären täglichen, wöchentlichen und monatlichen Aufgaben?« Als Nächstes stellt er genau diesen Personen auf der nächst unteren Führungsebene folgende Fragen: »Was sind Ihre Aufgaben? Wissen Sie, was man von Ihnen erwartet? Wie lauten die Ziele Ihres Unternehmens?« Dann werden die Antworten beider Gruppen miteinander verglichen, und die Diskrepanz der Ergebnisse ist meist erschreckend. Ich empfehle Unternehmen, immer und unbedingt neben den monetären, also den finanziellen Unternehmenszielen auch ihre ideellen Werte als geistige Komponente in einem sogenannten *Mission-Statement* bzw. einer Firmenphilosophie festzuhalten: »Wofür stehen Sie als Mensch, als Selbstständiger und wofür

Ihre Firma? Was ist der Geist, der Ihrem Verein oder Ihrem Unternehmen das Leben einhaucht?« Diese Liste gemeinsamer Werte macht es der Belegschaft im Falle einer Uneinigkeit einfach, den gemeinsamen Nenner wiederzufinden. Jene Art der Kommunikation ist natürlich auch in einer Familie wichtig, und in diesem Sinne kennen Sie sicherlich jemanden, bei dem es Probleme in der Familie gibt, weil man über etwas eben nicht offen spricht.

Eine Übung, die Ihr Leben verändern kann

Stellen Sie sich bitte einmal folgende Fragen:

Gibt es in meiner Familie gemeinsame Werte, gemeinsame Ziele?
Was ist mir/uns wichtig?
Wo will ich/wollen wir in fünf Jahren stehen?

Holen Sie Ihren Partner oder Ihre Partnerin, Ihre Kinder oder auch Ihre Eltern mit an Bord, und schreiben Sie gemeinsam an einer Werte- und Ziele-Liste Ihrer Familie. Schreiben Sie z. B. als Überschrift: »Das ist uns wichtig.« Sie können auch abends ein Spiel daraus machen, bei dem sich jeder reihum zu Wort meldet, oder Sie schreiben in besonders glücklichen Momenten wie beispielsweise im Urlaub etwas auf die Liste. Rahmen Sie Ihre Liste anschließend ein, und geben Sie ihr einen Ehrenplatz. Sie werden viel Freude und einen großen Gewinn davon haben – garantiert!

Die vier Büffel – von der Verantwortung des Einzelnen und der Einigkeit der Familie

In einem nicht allzu fernen Land lebten einst vier Büffel. Würdevoll durchstreiften sie die saftigen Weidegründe, und während sie grasten, wiegten sie ihre gewaltigen Köpfe mit den mächtigen Hörnern zwischen den Halmen hin und her. Doch ob sie nun grasten oder schliefen, immer waren sie ganz nah beieinander, so wie ein Kreuz, und jeder blickte dabei in eine andere Richtung. Ab und zu kam ein Löwe vorbei, der nur allzu gern einen Büffel gerissen hätte. »Das wäre ein feiner Schmaus für meine Familie. Alle könnten sicher davon satt werden – und was wir nicht schaffen, das bekommen die Geier!«, murmelte der Löwe und pirschte sich näher heran. Tagelang versuchte er sein Glück, doch ganz gleich, von welcher Seite er die Büffel auch bedrängte, er wurde immer von ihren spitzen Hörnern begrüßt – jeder Büffel beschützte die anderen. So verbreitete sich die Kunde von der Einigkeit der Büffel, und kein Löwe und keine Hyäne wagte sich in ihre Nähe. Nach einigen Jahren, ob übermütig geworden, einer Versuchung erliegend, aus Nachlässigkeit oder aus Verdruss – wir wissen es nicht –, verließen die vier Büffel ihre schützende Formation und gingen ihrer eigenen Wege. Nach und nach wurde jeder einzelne die Beute der Löwen.

Ein einziges Glied, das in einer großen Kette bricht, vernichtet das Ganze.

Johann Wolfgang von Goethe (1749–1832),
in: Wilhelm Meisters Wanderjahre

Jedes Mitglied einer Gemeinschaft ist wichtig, denn sonst wäre es nicht da. Die Natur hat uns jedes einzelne unserer Organe gegeben, weil es wichtig und nötig ist. Die Augen sagen nicht zum Fuß: »Wir sind die Krone, und du wirst nicht gebraucht.« Ebenso ist in einem Auto alles an seinem Platz, und niemand baut eine Kontrolllampe aus, wenn ihm das Leuchten missfällt. Alles ist wichtig, und wenn es ein Problem gibt, betrifft es sowohl den Einzelnen als auch die Gruppe wie im Beispiel der vier Büffel.

Schneller ans Ziel – oder: Ordnung ist wichtig

Stellen Sie sich vor, bei Ihrem Auto wäre auf einmal das Bremspedal mit dem Gaspedal vertauscht und niemand hätte Ihnen Bescheid gesagt. Als Nächstes stellen Sie sich vor, solch ein Hochleistungsorgan wie Ihre Leber würde plötzlich nicht mehr wissen, was seine Aufgabe ist, und beschließen, es wäre ab sofort lieber ein Gehirn – na dann, Prost Mahlzeit! Apropos Essen: Legen Sie Messer und Gabel lieber neben den Teller oder direkt unter den Teller? Sie sehen, eine gewisse Ordnung macht das Leben angenehm, überschau- und berechenbar. Ohne Ordnung gäbe es keine Webseiten, keine Bücher, keine Häuser, und eine Firma könnte gleich zumachen. Ordnungsprinzipien machen ein System effizient und sind nebenbei überlebenswichtig, da fünfundneunzig Prozent unseres Lebens vom Unbewussten gesteuert werden. Wir leben nach Gewohnheiten, und unser Leben wäre wahrlich kompliziert, wenn wir alles ständig neu bedenken und erdenken müssten. Ohne Ordnung gäbe es kein Leben.

Ein Großteil der Beziehungskonflikte entsteht, weil keine Ordnung im System herrscht bzw. etwas nicht an seinem Platz ist. Die Familienmitglieder wissen nicht, wo sie hingehören, und ahnen nicht, welch enormes Potenzial in ihrer Persönlichkeit verborgen liegt. Gerade weil sich Menschen so wenig Gedanken darüber machen, wer sie sind, möchte manch einer gern jemand anderes sein. Man will nur weg vom Schlechten, weg vom negativen Gefühl, aber dies führt selten zum Guten.

Übung

Eine Übung zu
Ihrer persönlichen Systemoptimierung

Fertigen Sie über die nächsten zwei Wochen eine Liste all jener Systeme an, derer Sie um sich herum gewahr werden. Untersuchen Sie dabei vor allem Ihre Rolle in diesen Systemen, und fragen Sie nach den gemeinsamen Zielen. Nutzen Sie dazu am besten Ihr Arbeitsbuch. Schlagen Sie eine Seite auf, und legen Sie vier Spalten an: (1) System, (2) Thema, (3) Ziel und (4) Meine Rolle.

Reflektieren Sie Ihre Ziele, Rollen und Beziehungen. Klarheit über diese zu erlangen, ist ein erster Schritt in Richtung Heilung, Ordnung und persönlicher Erfolg. Vielleicht beginnen Sie, verkramte Schubladen, den Keller (Ihr Fundament) oder gar den Dachboden (Ihr Oberstübchen) aufzuräumen, oder Sie erledigen etwas, was Sie schon lange vor sich hergeschoben haben. Ich bin mir sicher, dass Sie bereits nach zwei Wochen einen enormen Schritt gemacht und vieles in Ihren Beziehungen in Ordnung gebracht haben werden. Sie werden effizienter leben, denn es reist sich bekanntlich einfacher mit leichtem Gepäck.

*Wenn du das andere Flussufer erreichst,
lass das Boot liegen.*

Amerikanische Volksweisheit

Die Elemente einer Aufstellung

Der Klient und der Fokus
Der Klient wendet sich mit einem Anliegen an einen Therapeuten. Da in Systemaufstellungen auch andere Elemente als Personen aufgestellt werden können, nennt man das Subjekt einer Aufstellung auch Fokus.

Fallbeispiel 1
Nicole ist Klientin und hat ihre Tochter seit zwei Jahren nicht mehr gesehen. Nicole steht im Zentrum des Konflikts und ist deshalb Klientin und der Fokus.

Fallbeispiel 2
Bernd hat ein Dienstleistungsunternehmen in München. In seiner Vertriebsabteilung häufen sich die Krankmeldungen. Bernd ist der Klient und der Vertrieb ist der Fokus, der aufgestellt wird.

Der Therapeut
Der Begriff »Therapeut« stammt vom griechischen Wort *theràpon* ab und bedeutet so viel wie »Diener«, »Begleiter« oder »Gefährte«. In der Antike bezog sich der Begriff primär auf den Gott der Heilkünste, Asklepios. Die Therapie galt als Dienst und Pflege im Einklang mit den Göttern, und der Therapeut war ein Diener der Götter. Der Familienaufsteller ist dementsprechend kein Heiler und auch kein Retter, sondern stets ein Begleiter und Diener, der aufgrund seines Wissens und seiner Erfahrung den Klienten anleitet und begleitet. Aus dieser Verantwortung erwachsen zwei Fähigkeiten, die ein guter Familienaufsteller mitbringen sollte, nämlich (1) Sicherheit zu haben und (2) Sicherheit zu geben. Man erlangt beides durch die Aneignung von Fachwissen, die Bearbeitung der eigenen Themen, persönliche Erfahrungen, Erdung und Vertrauen in etwas Höheres, das wir manchmal das Wirken des Feldes, die Liebe oder die Urquelle nennen.

Vorurteilslosigkeit

Im Gespräch mit einem Klienten ist vom Therapeuten stets Vorurteilslosigkeit gefordert. Durch die mitfühlende Urteilslosigkeit stellt der Familienaufsteller sicher, nicht in eine Art Retterrolle zu geraten und sich am Täter-Opfer-Retter-Reigen zu beteiligen. Sobald er nämlich als Begleiter in einer Aufstellung urteilt, ist er selbst verstrickt und hat ein Thema. Urteilen bedeutet Ausschließen, und gerade das, was ausgeschlossen wird, meldet sich ja in einer Aufstellung zu Wort, weil es gesehen, wertgeschätzt und wiederaufgenommen werden will.

Andererseits heißt das natürlich nicht, dass der Therapeut selbst keine Themen mehr haben darf. Jeder Mensch hat Themen – sei es der Präsident im Weißen Haus oder ein Obdachloser vor dem Waisenhaus. Es bedeutet, dass die eigenen Themen nicht Teil einer Aufstellung sein dürfen. Der Familienaufsteller ist eine Art Reisebegleiter durch für alle Beteiligten unbekanntes Terrain. Er muss deshalb eine gewisse Sicherheit haben, damit er Sicherheit geben kann. Trotz dieser Führungsrolle leiten gute Familienaufsteller nur an. Sie geben der Aufstellung Raum, anstatt zu versuchen, jede Situation zu kontrollieren. Sie übergeben sich selbst einer höheren Führung, die man auch »Intuition«, »Bauchgefühl« oder »inneres Bild« nennen kann.

Das Anliegen, die Informationen und das Wesentliche

Menschen sind eigentlich immer in bestimmte Probleme verstrickt, d. h., dass sie das Gros ihrer Zeit damit beschäftigt sind, irgendetwas zu lösen. Das Wort »Problem« stammt von dem altgriechischen Wort *próblēma* ab und beschreibt, wie die unsterblichen Götter Steine vor *(pro)* uns hinwerfen *(blema)*. Liegt dann so ein Stein im Weg (haw.: *Ala nou ana*), scheiden sich auch schon mal die Wege der Sterblichen, denn während die einen jammern und auf die Hindernisse starren, nutzen andere die Gelegenheit, um an diesen Herausforderungen zu wachsen.

Jedes System – ob ein Individuum wie Sie und ich, ob ein Unternehmen oder ein Land – hat eine nur ihm innewohnende Aufgabe zum Wohle des Ganzen. Folgt ein Mensch seinem Weg, den wir manchmal auch seine »Berufung« nennen, kann man beobachten, wie er in seiner Kraft steht und gleichzeitig vom Leben unterstützt wird. Um sich einerseits individuell weiterzuentwickeln und andererseits das Gesamtsystem zu heilen, werden alle dysfunktionalen Themen sichtbar. Alle eigenen und von der Familie und den Ahnen übernommenen Störprogramme wie Schuldgefühle, Selbstsabotage, Kritiksucht und Aufopferung – um nur vier zu nennen – zeigen sich in den Lebensumständen und Beziehungen. Durch die Lösung seiner Probleme kann das Individuum einerseits lernen, und gleichzeitig findet der Optimierungsprozess auf höherer Ebene statt. Probleme sind unter diesem Aspekt nur Angelegenheiten und Prüfungen, die es auf dem Weg der allgemeinen Entwicklung zu erledigen gilt. Löst ein Mensch seine individuellen und Familienthemen auf, so gibt er eine neue Information ins Gesamtbewusstseinsfeld seiner Familie und der Erde, die heilsam auf alle Beteiligten wirkt.

Es gibt berufliche Probleme und Beziehungskrisen, finanzielle Sorgen, Existenz- und Zukunftsängste, Krankheiten, frühkindliche Verletzungen und Traumata, Probleme in der Familie, die beunruhigenden Nachrichten in den Medien, die Sorgen anderer, die Umweltbelastung und die weltpolitische Lage – ja, das Leben erscheint unter diesen Gesichtspunkten wie eine schier endlose Aneinanderreihung von Schwierigkeiten, die mit der Geburt beginnt und mit dem Tod endet. Mit all dem und noch viel mehr kann ein Klient Hilfe suchen, um endlich den Faden im Gordischen Knoten seiner Existenz wiederzufinden.

Man sollte genau hinhören, was der Klient sagt. Die Art und Weise, wie er sein Anliegen beschreibt, trägt allein schon zur Lösung bei. Der Therapeut sollte neben sich den kleinen Jungen im Manne oder das kleine Mädchen in der Frau sitzen sehen. Er ist ein Seher, denn alles ist in diesem Punkt *jetzt* enthalten: Die Vergangenheit hat uns zu dem gemacht, was wir gerade sind, und wir entscheiden uns in jedem Augenblick, was wir in Zukunft daraus machen wollen – andere Zutaten haben wir nicht, doch es reicht, um das Leben zu einem persönlichen Erfolg zu machen. Letztlich, liebe Leserin und lieber Leser, spielt es keine Rolle, woher Sie kommen, sondern es zählt nur, wohin Sie gehen.

Um ein Problem in einer Aufstellung lösbar zu machen, sei – so sagt man – ein gewisser Leidensdruck nötig und eine klare Formulierung von Vorteil. Für Klienten, die ihr Thema nur über viele Umwege hinweg beschreiben können, ist eine Lösung zu finden schwierig. Im Anliegen soll versucht werden, den Kern herauszustellen, und um dorthin zu gelangen, ist ein Vorgespräch nützlich. In der Familienaufstellung geht es dann nur noch um das Wesentliche: um Geburt, Leben und Tod, Vater und Mutter. Es geht um die wesentlichen Beziehungen und die frühen Erfahrungen. Es geht um die Liebe, die nicht erfahren wurde, nicht gegeben werden konnte oder auch verweigert wurde. Es geht um das Schicksal, um Gewaltverbrechen, Krieg, Hunger, Krankheiten, Unfälle, Todesfälle, Abtreibungen und Adoptionen, Eheschließungen und Scheidungen.

Die Ursachen unserer Probleme als Erwachsene liegen in den Erfahrungen mit unserer Familie, denn wir sind nicht allein, sondern immer in die Schicksalszusammenhänge unserer Ahnen verstrickt.[4] Unsere seelischen Konflikte werden aus der Kindheit in die Gegenwart getragen und dort so lange weiter gelebt, bis das Thema erlöst wird. Hier im Jetzt bringt das innere Kind die unerlösten Erinnerungen an die Oberfläche und sucht nach Heilung.[5] In jedem Augenblick fordert das Leben sein Recht auf Glück, und um sich bemerkbar zu machen, scheinen der Arbeitsplatz und die Partnerschaft recht willkommene Bühnen zu sein.

---

4 Siehe Kapitel »Die Ahnen *(Aumakua)*«, S. 109.
5 Siehe Kapitel »*Unihipili* – Das untere Selbst, Unterbewusstsein und inneres Kind«, S. 121.

Übung

Eine Übung, um das Wesentliche zu finden

Nehmen Sie bitte Ihr Arbeitsbuch zur Hand, und drehen Sie es ins Querformat. Zeichnen Sie nun auf einer neuen Seite eine waagerechte Linie. Malen Sie an ihren Anfang einen dicken Punkt, und machen Sie das gleiche am Ende. Der dicke Punkt am Anfang symbolisiert Ihre Geburt, der dicke Punkt am Ende symbolisiert Ihr physisches Ende.

Fragen Sie sich anschließend, wo das Heute ist, und markieren Sie es auf Ihrem Zeitstrahl. Schauen Sie auf dieses Bild, und werden Sie sich bewusst, dass Ihre Zeit hier auf Erden in Ihrem Körper begrenzt ist. Diese einfache Betrachtung kann uns motivieren, uns dazu zu entscheiden, ab heute jeden einzelnen Tag mit Sinn zu füllen und uns dadurch eine blühende Zukunft zu kreieren. Wechseln Sie willentlich von einem unbewussten Raum des willkürlichen Existierens in einen bewussten Raum des sinnhaften Lebens! Ich behaupte, dass jeder Tag unseres Lebens Aufmerksamkeit und Respekt verdient hat, denn er wurde uns geschenkt. Jeder neue Tag wurde noch nie gelebt, und wir können eine geradezu liebevolle Beziehung zu ihm herstellen, indem wir achtsam sind. Machen Sie jeden Tag zu einem wundervollen Ereignis.

In der Aufstellungsarbeit und im Hoʻoponopono heilen wir die Gegenwart, indem wir die Dinge wieder richtigstellen, auch wenn das manchmal nur geistig möglich ist. Dafür ist eine Bestandsaufnahme nötig, die man im Hoʻoponopono »*Mahiki*« (das Schälen der Zwiebel) nennt.

Tragen Sie jetzt bitte all die wesentlichen Ereignisse ein, die einen tiefen Eindruck in Ihnen hinterlassen und Ihr Leben entscheidend geprägt haben (sans.: *samskāra*). Entscheiden Sie sich dabei zwischen den Ereignissen, die Sie als positiv empfunden haben, und jenen, die negativ für Sie waren.

Sie können in Ihrem Arbeitsbuch zunächst zwei Ereignislisten mit Datum anlegen. Eine Spalte oder Seite enthält alle positiven und die andere verzeichnet alle negativ besetzten Themen. In der Grafik sehen Sie, dass die nummerierten Themen Balken verschiedener Höhe darstellen. Die Länge eines Balkens entspricht der emotionalen Intensität, die das Ereignis bei Ihnen hinterlassen hat. Geben Sie den Ereignissen jeweils einen Wert zwischen 0 und 10. 10 bedeutet in der negativen Bewertung »unerträglich, Trauma« und 0 »keinerlei emotionale Belastung«. Finden Sie ganz intuitiv Ihre eigenen Werte. Hinweise dafür finden Sie in den hilfreichen Listen am Ende des Buches.

Machen Sie am Ende eine Bestandsaufnahme, und finden Sie Zusammenhänge zwischen der Vergangenheit und der Gegenwart. Fragen Sie sich dabei vor allem, welche negativen Ereignisse in der Vergangenheit zu deutlich positiven Wendungen in Ihrem Leben geführt haben.

Nachdem Sie diese analytische Reise in Ihre Vergangenheit unternommen haben, haben Sie eine Belohnung verdient: Setzen Sie sich aufrecht hin, atmen Sie dreimal tief durch, legen Sie ein Lächeln auf, und sagen Sie dann in freudiger Erwartungshaltung: »Heute beginnt der Rest meines Lebens.«

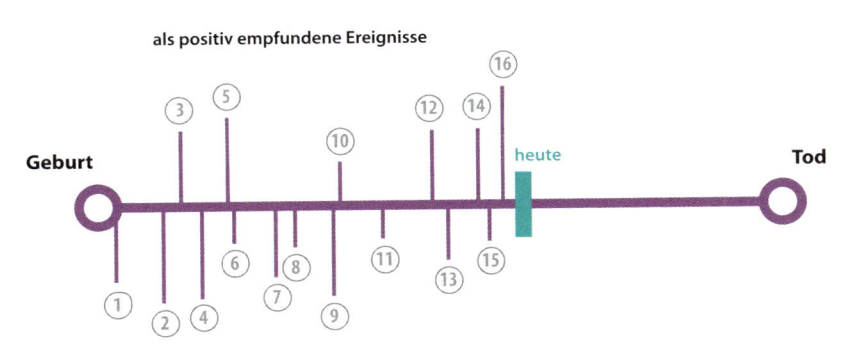

Die Gruppe, das Feld und die Stellvertreter

Häufig finden Familienaufstellungen an einem Wochenende statt, und mehrere Klienten und Stellvertreter haben sich eingefunden, um gemeinsam ihre Themen anzuschauen. Solch eine »Gruppe«, wie man sie im Familienstellen bezeichnet, bildet das Feld, einen energetischen Raum, in dem die repräsentative Wahrnehmung möglich wird. Nachdem einer der Klienten sein Anliegen meist knapp vorgetragen hat, sammelt sich die Gruppe, d. h., die Teilnehmer gehen kurz in sich. Es ist ein Augenblick der Stille, in dem sich jeder mit jener höheren Kraft – der Liebe und dem Leben selbst – verbindet, die Ursache für die Phänomene ist.

Die Stellvertreter sind die Repräsentanten der Systemteile. Nur durch sie können der Therapeut und der Klient die dysfunktionalen Beziehungen erkennen. Der Erfolg einer Aufstellung wird also von der Offenheit der Stellvertreter, das zu fühlen, was sich zeigt, mitbestimmt. In der Stellvertreterposition stellt man sich aufrecht hin, wippt vielleicht etwas in den Beinen, schließt die Augen, atmet ruhig und spürt einfach in sich hinein. Selbst wenn nichts kommt, ist das richtig, denn häufig ist die Unfähigkeit, etwas zu fühlen, schlicht mangelnde Erfahrung oder das Anzeichen von Schutzprogrammen, die uns vor wiederholten Schmerzen bewahren möchten. Es sollte vermieden werden, eine Rolle zu spielen (z. B. einen Vater, eine Mutter, einen Sohn oder eine Tochter), von der man weiß, wie man sich eben in dieser oder jener Situation fühlen sollte. Dadurch würde das Thema bloß interpretiert und nicht tatsächlich gefühlt werden. Ein weiteres Problem ist, wenn Gefühle *gedacht* werden, d. h., wenn der Stellvertreter glaubt oder denkt, er sei jetzt wütend, anstatt das Feuer, die Beklemmung, die Wellen und die Hitze in seinem Körper, seinen Händen und Armen, seinem Rücken oder seiner Lunge tatsächlich zu spüren.

Als Stellvertreter ist man ein Medium, und als solches macht man sich leer – einfach leer. In ein bis zum Rand mit grünem Smoothie gefülltes Glas passt nichts mehr hinein, nur in ein leeres Glas können Sie etwas füllen.[6] Sind wir einerseits voller Gefühle, dann ist dort kaum Platz für irgendetwas anderes. Wären wir andererseits gefühllos, so wäre unser Leben wohl recht leer. Aus diesem Grund werden Beziehungen auch nicht gelebt, sondern gefühlt. Manchmal tun wir uns jedoch schwer, unsere eigenen Gefühle zu identifizieren und zu benennen. Damit Sie Ihre Gefühle exakt beschreiben können, finden Sie in zwei Listen im Anhang hilfreiche Begriffe. Nutzen Sie diese einfach für Ihre Übungen.

Übung

Eine Übung, um die eigenen Beziehungen zu fühlen

Visualisieren Sie verschiedene Menschen aus Ihrem Leben, und fühlen Sie einmal in Ihre Beziehungen zu ihnen hinein. Was fühlen Sie? Notieren Sie diese Gefühle in Ihrem Arbeitsbuch. Wenn sie negativ sind, schreiben Sie bitte dahinter, welches Gefühl Sie in der jeweiligen Beziehung stattdessen fühlen möchten. Legen Sie bitte folgende Spalten in Ihrem Arbeitsbuch an: (1) Person und Beziehung, (2) Ist-Gefühl zu diesem Menschen, (3) Wunschgefühl und Wunschbeziehung. Nach dieser Standort- und Zielbestimmung können Sie sich nun fragen, was Sie aktiv tun wollen, um eine Ihrer Beziehungen zu verbessern.

---

6 Übrigens sind die Worte »voll«, »füllen« und »fühlen« etymologisch miteinander verwandt. Im Mittelhochdeutschen heißt füllen *vüllen* (oder althochdt.: *fullen*), voll heißt »vol« (althochdt.: *fol*), und fühlen heißt *vüelen* (althochdt.: *fuolen*). All diese Wörter beziehen sich auf Fulla, die Verwalterin der Schatzkisten der germanischen Göttermutter Frigg.

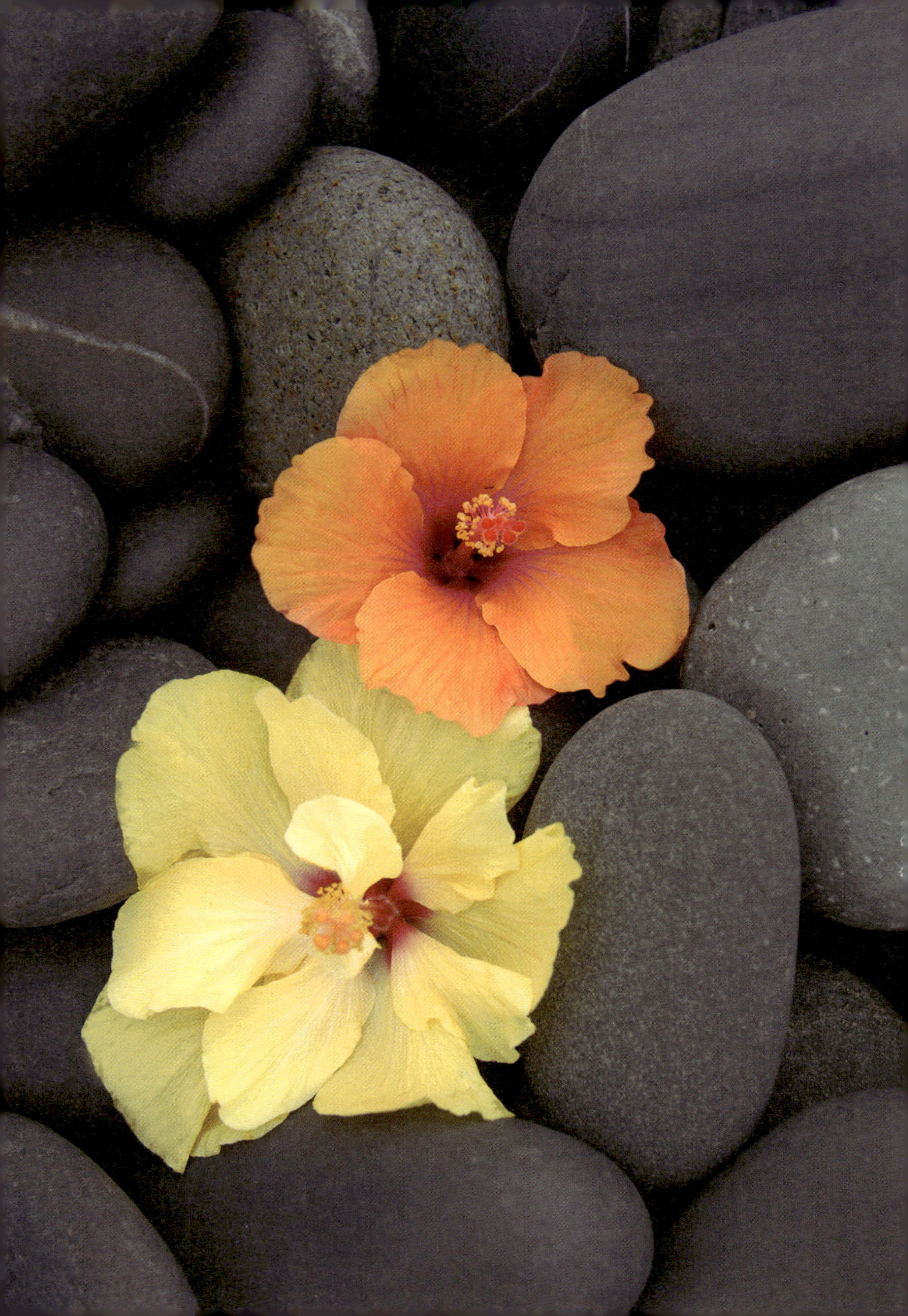

Die Aufstellung – Praxis mit Bodenankern

Nach diesen aufschlussreichen Vorübungen beginnen wir mit einer wichtigen Arbeitsmethode im Systemstellen, die uns im Laufe dieses Buches noch mehrfach begegnen wird: dem Aufstellen mit sogenannten Bodenankern. Ein Bodenanker ist ein Gegenstand (z. B. ein Blatt Papier oder ein Stein), den Sie auf den Boden legen und der ein Objekt oder eine Person in Ihrer Aufstellung repräsentiert.[7] Mit dieser Methode können Sie allein, also ohne einen Therapeuten und Zuschauer, arbeiten, und – sei es im Wohnzimmer, im Büro, im Garten oder am Strand – Erfahrungen sammeln und so rasch Ihr inneres Bild nach außen bringen, um Klarheit zu gewinnen. Am einfachsten arbeiten Sie mit losen Blättern im DIN-A4-Format, die Sie entsprechend beschriften.

Die Vorbereitung

Nehmen Sie bitte fünf Blätter zur Hand, und schreiben Sie auf die ersten vier jeweils eins der folgenden Wörter: (1) Ich, (2) Vater, (3) Mutter und (4) neutraler Beobachter. Ganz nach dem Motto »Weniger ist mehr« ist es das Ziel dieser Übung, Sie schrittweise an das Prozedere des Systemstellens heranzuführen. Zu viele Bodenanker könnten dabei hinderlich sein, weswegen Sie all Ihre Geschwister auf einem Blatt (5) zusammenfassen. Wenn Sie nur einen Bruder oder nur eine Schwester haben, schreiben Sie »Bruder« bzw. »Schwester«. Haben Sie mehrere Brüder, schreiben Sie »Brüder«, haben Sie mehrere Schwestern, schreiben Sie » Schwestern«. Haben Sie Schwestern und Brüder, schreiben Sie »Geschwister«. Wenn Sie ein Einzelkind sind, dann lassen Sie dieses Blatt selbstverständlich

---

7 Auf Bali zeigte Dr. Diethard Stelzl meiner Frau, Andrea Bruchacova, und mir, wie man nach überlieferter Art den eigenen Körper in den Sand zeichnet, dann Steine als Stellvertreter für die Organe hinlegt und so in Meditation mit seinem Körper Kontakt aufnimmt. Wenn Sie diese und ähnliche Methoden interessieren, möchte ich Ihnen die Bücher von Dr. Stelzl empfehlen sowie seine Seminare, die auf Bali, aber auch in Deutschland, z. B. im Lichtquell im Schwarzwald, stattfinden.

weg. Zum Schluss haben Sie vier Blätter als Einzelkind, andernfalls fünf Blätter. Malen Sie nun noch auf jedes Blatt einen Pfeil als Hinweis, in welche Richtung das jeweilige Familienmitglied blickt.

Was ist jedoch, wenn Sie Ihre Eltern oder ein Elternteil nicht kennen? Was ist, wenn jemand schon gestorben ist? Was ist, wenn Sie in einer Patchworkfamilie leben und Ihre Geschwister aus verschiedenen Ehen stammen?[8] Sie sehen, es ist gut, sich vorher Gedanken zu machen. Wie immer erspart uns eine gute Planung die spätere Mühsal. Wir fragen uns: Wer gehört überhaupt zum System? Dürfen alle rein, oder muss jemand draußen bleiben? Was passiert mit jenen, die drinnen sind, und wie fühlen sich jene, die wir ausschließen? Wer hat welchen Platz? Sind alle gleichberechtigt? Wer würde zuerst zur Tür hereinkommen, oder würden sich alle gleichzeitig durchdrängeln – und wenn ja, wohin? Wie fühlt sich der Einzelne? Und wie sieht die Familie von außen betrachtet auf der Position des neutralen Beobachters aus? All das wollen wir herausfinden.

Aufstellung 1. Akt – Startbild

Ziehen Sie sich an einen ruhigen Ort zurück, an dem Sie für die nächste Stunde nicht gestört werden. Legen Sie die Blätter nun ganz nach Ihrem Gefühl auf den Boden, doch bleiben Sie auf einer Fläche von maximal zwölf Quadratmetern. Der Pfeil der Blickrichtung und die Lage im Raum geben Ihnen Aufschluss darüber, wie Sie die Beziehungen der Familienmitglieder untereinander empfinden. Gehen Sie dabei ganz intuitiv vor. Verlassen Sie sich auf Ihr Gefühl. Fragen Sie sich, ob sich etwas richtig anfühlt. Korrigieren Sie, bis das Bild Ihrer momentanen Familiensituation für Sie stimmig ist. Bitte denken Sie daran, dass es nicht darum geht, wie es sein sollte, sondern darum, wie es ist. Nur so bringen Sie Ihr inneres Bild nach außen – und mit diesem wollen wir

---

[8] Wie Sie Antworten auf diese Fragen finden, zeigt Ihnen das Kapitel »Die Familie«, S. 51.

arbeiten. Malen Sie nun die Lage der Blätter in Ihr Arbeitsbuch. Dies kann z. B. so aussehen:

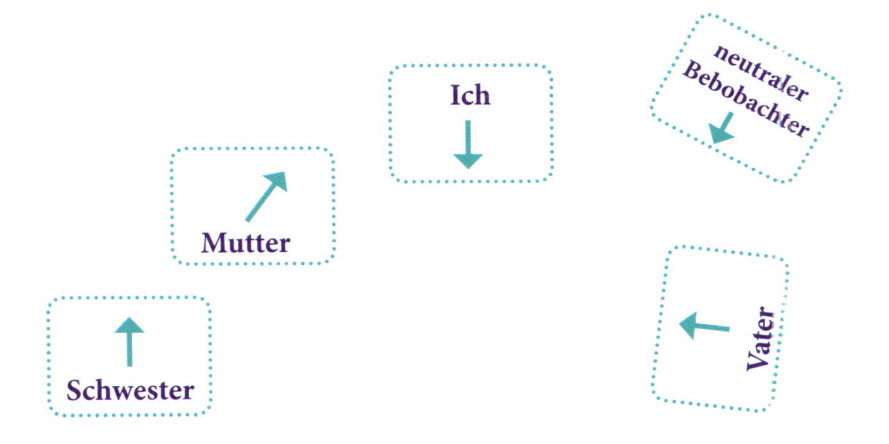

```
                    Ich              neutraler
                     ↓               Beobachter
                                         ↓
        Mutter
          ↑

                                      ← Vater
    ↑
Schwester
```

Legen Sie eine Tabelle mit vier Spalten an, um die Veränderungen Ihrer Gefühle während des Aufstellens protokollieren zu können: (1) Name, (2) Startbild, (3) in Bewegung, (4) Lösungsbild. Tragen Sie die jeweiligen Namen ein, und stellen Sie sich anschließend auf jedes Blatt mit entsprechender Blickrichtung. Fühlen Sie sich ein. Notieren Sie Ihre erste Wahrnehmung, Ihre Gedanken und Empfindungen nun in der Spalte (2) Startbild.

Aufstellung 2. Akt – Bewegung

Gehen Sie nun bitte wie folgt vor: Bringen Sie zunächst etwas Bewegung und Dynamik in Ihr System. Das Ziel bei diesem Schritt ist es, zu spüren und zu erfahren, wie andere Menschen sich fühlen, wenn sich die Beziehungen im Raum verändern. Legen Sie dazu ein Blatt einmal bewusst an eine ungewöhnliche Stelle, und spüren Sie dort hinein. Dieser Schritt ist wichtig, um zu erspüren, was sich in Ihrem Emotionalkörper ändert, sobald sich die Beziehungen im Raum verändern. Legen Sie anschließend auch andere Blätter um, und spüren Sie jeweils in die neuen Positionen hinein. Während Sie auf einem Blatt stehen, stellen Sie sich folgende Fragen zur Kontrolle: Wie fühlt sich Ihr Vater oder Ihre Mutter, und wie fühlen Sie sich selbst, wenn Sie abseits oder ganz nah bei einzelnen Personen stehen? Wie fühlen sich die Beziehungen an? Übernimmt jemand durch die Veränderung im Raum die Führung? Wer fühlt sich in seiner Position gestärkt und wer an welchen Plätzen geschwächt? Nutzen Sie auch hier wieder die zwei Listen im Anhang, um Ihr Seelenleben zu erkunden und Ihr Innerstes zu beschreiben.

Stellen Sie sich am Ende der Runde auf die Position des neutralen Beobachters. Sie können dort Ihre Familie und jedes einzelne Mitglied betrachten, ohne selbst in Probleme involviert zu sein. Wie sieht dieser urteilslose Beobachter die Szene? Was empfinden Sie auf seinem Platz gegenüber Ihrer Familie? Was berührt Sie? Welche Einsichten gewinnen Sie? Sehen Sie Ihre Verwandten in einem neuen Licht? Nachdem Sie bei diesem Schritt erste Erfahrungen in den Rollen der Stellvertreter gesammelt haben, wenden wir uns dem klärenden Bild zu.

Aufstellung 3. Akt – Klärung und Lösung

Im Lösungsbild wollen wir uns zu einem Bild hinbewegen, in dem jede Person an einem für sie starken Platz steht, Versöhnung in Konflikten stattfinden und die Liebe zwischen allen fließen kann. Doch wie finden Sie heraus, wie sich die Beziehungen zum Besseren hin bewegen lassen? Stellen Sie sich bitte auf Ihre eigene Position (Ich). Fragen Sie sich, wo Ihr Vater und Ihre Mutter stehen müssten, damit die Liebe fließen kann. Stellen Sie jetzt bitte ganz konkret folgende Frage: Was würde die Liebe jetzt tun? Gehen Sie mit Empathie, Gelassenheit und Vertrauen vor. Folgen Sie Ihrem Herzen, und bringen Sie Ihr Herz mit Ihrem Kopf zusammen. Stellen Sie sich, sobald Sie einen Bodenanker verschoben haben, auf diese neue Position, um ein Feedback zu bekommen.

Ho'oponopono und Familienstellen

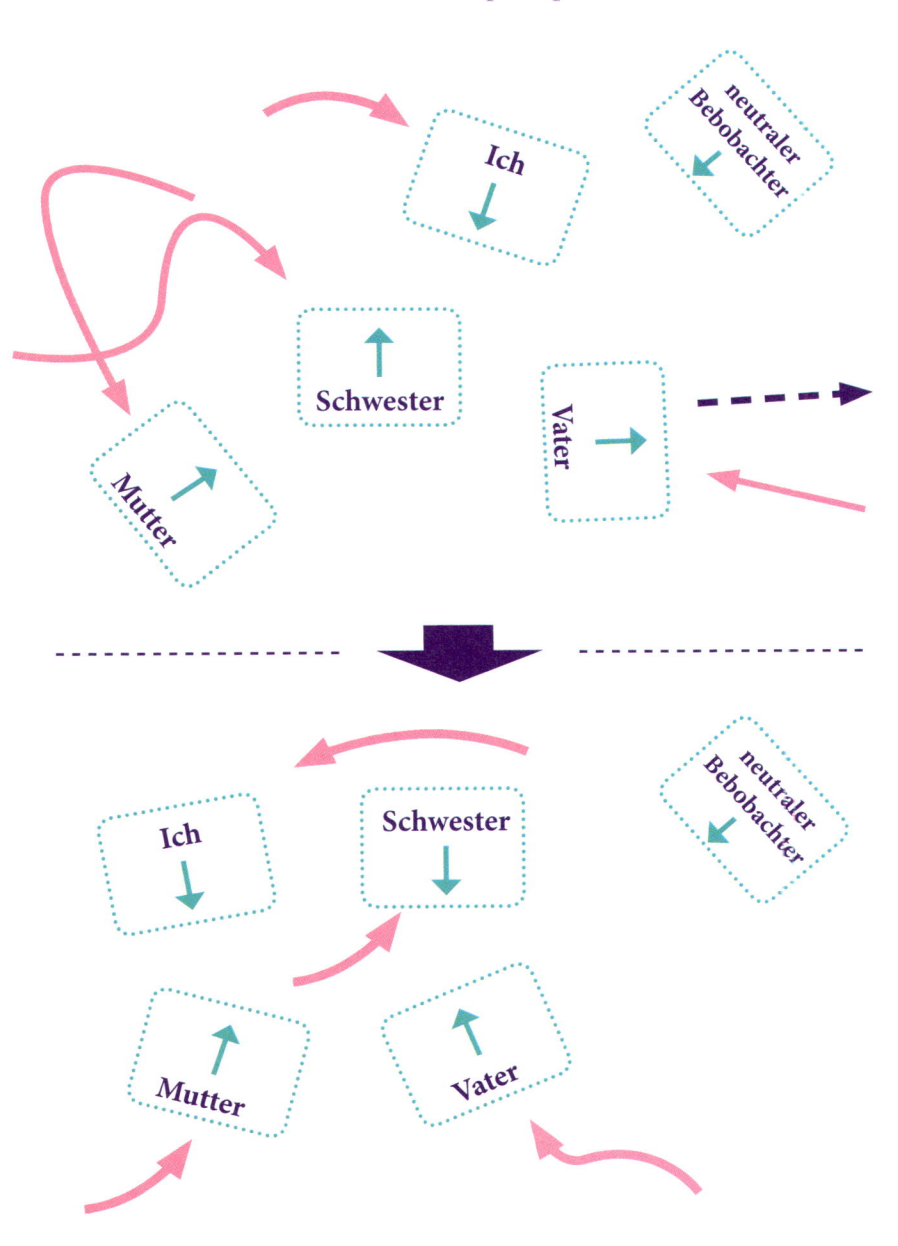

49

Im Lösungsbild, das Sie gerade gelegt haben, steht am Ende jedes Familienmitglied auf einer emotional starken Position. Gefühle wie Wohlwollen, Verständnis, Hilfsbereitschaft, Selbstvertrauen oder Freude, die Sie auf diesen Positionen empfinden, sind Hinweise darauf, dass Sie sich in die richtige Richtung bewegen. Spüren Sie wieder in die einzelnen Positionen hinein, reflektieren Sie die neue Anordnung, und notieren Sie sich Ihre Gedanken dazu in Ihrem Arbeitsbuch. Grafik 3 dient dabei Ihrer Orientierung und stellt ein idealisiertes Lösungsbild dar.

Mit Ihrem Lösungsbild haben Sie eine großartige Leistung vollbracht. Sie haben die Initiative ergriffen, um sich selbst und Ihrer Familie mehr Liebe, Harmonie und Frieden zu schenken. Danke.

Übung

Eine Übung zu Ihrer eigenen Herkunftsfamilie

Fertigen Sie einen Stammbaum Ihrer Herkunftsfamilie an, der mindestens bis zur Ebene Ihrer Großeltern, besser noch bis zu den Urgroßeltern reicht. Sie können in Ihrem Arbeitsbuch wieder mit einer einfachen Liste beginnen. Freuen Sie sich, denn durch diese kleine Ahnenforschung werden Sie bereits viel über sich erfahren. Notieren Sie die vollständigen Vor- und Nachnamen, die jeweiligen Geburts- und eventuellen Todesdaten. Schreiben Sie dahinter die Berufe Ihrer Familienmitglieder und in einer weiteren Spalte die Schicksale, die sie erlebt haben. Schicksale sind z. B. Kriege, Enteignungen, Vertreibungen, Gefangennahme und Unfälle. Diese Aufgabe, einen kleinen Stammbaumes der Herkunftsfamilie zu erstellen, können Sie auch Ihren Klienten in einem Vorgespräch mitgeben.

Weitere Faktoren

Die Familie

Die Herkunfts- bzw. Ursprungsfamilie

Der Begriff »Herkunfts-« bzw. »Ursprungsfamilie« umschreibt die direkte Herkunft des Klienten, also seine Blutsverwandten und seine Ahnen. Im innersten Wirkkreis einer Familienaufstellung stehen dabei drei Generationen: der Klient und seine Geschwister, seine Eltern und seine Großeltern. Manche Familienaufsteller zählen Stief- und Adoptiveltern ebenfalls zur Herkunftsfamilie dazu.

Zu Ihrer Herkunftsfamilie gehören Sie selbst, Ihre Eltern, Ihre Geschwister und Halbgeschwister, abgetriebene und totgeborene sowie verheimlichte Kinder, die Geschwister der Eltern, die Großeltern, Urgroßeltern und jeweils deren Geschwister.

Ein Leben ohne Selbstprüfung ist nicht lebenswert.

Platon (428–348 v. Chr.)

Die Gegenwartsfamilie

Zur Gegenwartsfamilie zählen all jene Menschen, mit denen Sie durch Lebensgemeinschaft, Heirat und/oder durch gemeinsame Kinder verbunden sind. Dazu gehören Sie selbst, Ihr Partner oder Ihre Partnerin, all Ihre Kinder, auch verheimlichte Kinder aus früheren Beziehungen, eventuelle Enkel, abgetriebene und totgeborene Kinder und frühere Partner.

Fallbeispiel 1

Monika hat aus einer früheren Beziehung mit Peter einen Sohn, Michael. Seit zwei Jahren ist sie mit Frank verheiratet, von dem sie Zwillinge erwartete, die sie jedoch im dritten Monat wieder verloren hat.

Sie bittet um eine Aufstellung ihrer Gegenwartsfamilie. Es stehen sechs Personen: Monika, Peter, Michael, Frank und die Zwillinge. In der folgenden Grafik sehen wir das Endbild der Aufstellung mit den jeweiligen Beziehungen, um die Beziehungen der Gegenwartsfamilie zu illustrieren.

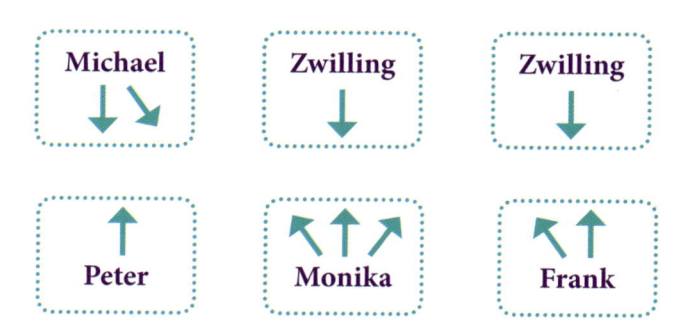

Michael	Zwilling	Zwilling
↓ ↘	↓	↓

Peter	Monika	Frank
↑	↖ ↑ ↗	↖ ↑

Fallbeispiel 2
Mike und Greta leben seit acht Jahren zusammen. Sie haben keine gemeinsamen Kinder. Greta hat in die Partnerschaft ihre Tochter Lisa aus ihrer ersten Ehe mit Josef mitgebracht. Mike hat einen Sohn, Rudolf, der bei dessen Mutter, Anna, wohnt. Anna und Mike waren nicht verheiratet.

Zu Gretas Gegenwartsfamilie gehören Mike, Lisa und Josef.
Zu Mikes Gegenwartsfamilie gehören Greta, Rudolf, Lisa und Anna.

Weitere Personen

Neben der Herkunfts- und der Gegenwartsfamilie kann es noch andere Personen geben, die das System beeinflussen und so ebenfalls zu einer Familienaufstellung gehören. Dies können unter Umständen Menschen sein, denen man ein entscheidendes Versprechen gegeben hat, aber auch einzelne Personen oder Gruppen, die einen entscheidenden Einfluss auf das Schicksal der Familie hatten, z. B. Opfer und Täter von (Gewalt-)Verbrechen, nicht zur Familie gehörende Erben und Nachlassgeber, Arbeiter, Machthaber (wenn beispielsweise Menschen aufgrund der politischen Lage ihr Hab und Gut verloren haben). Zu unserem erweiterten Gegenwartssystem gehören außerdem Vorgesetzte, Kollegen, Hauptkunden, Auftraggeber, Freunde, Lehrer und Mitschüler, Nachbarn – also alle Menschen, die unser Leben beeinflussen.

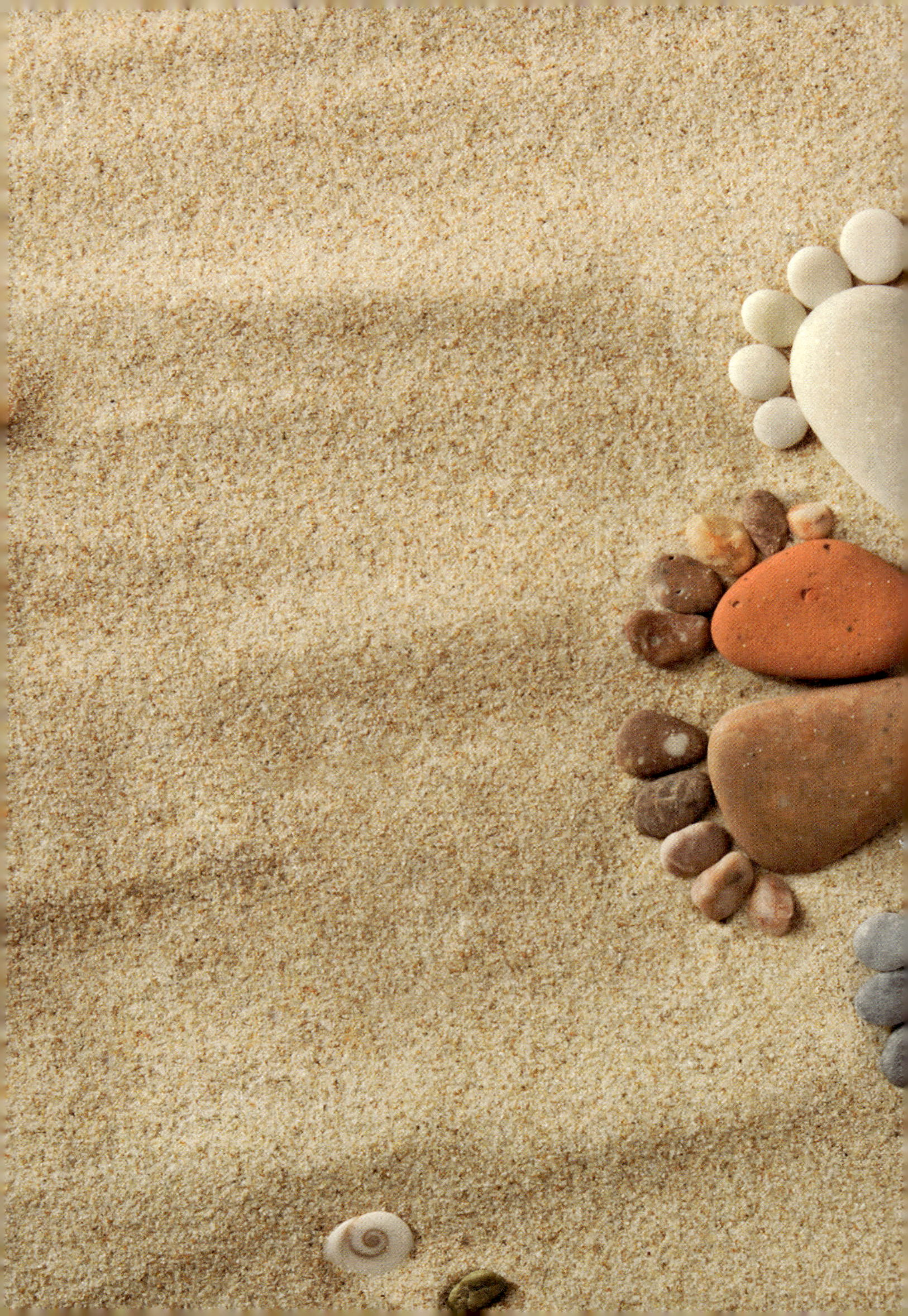

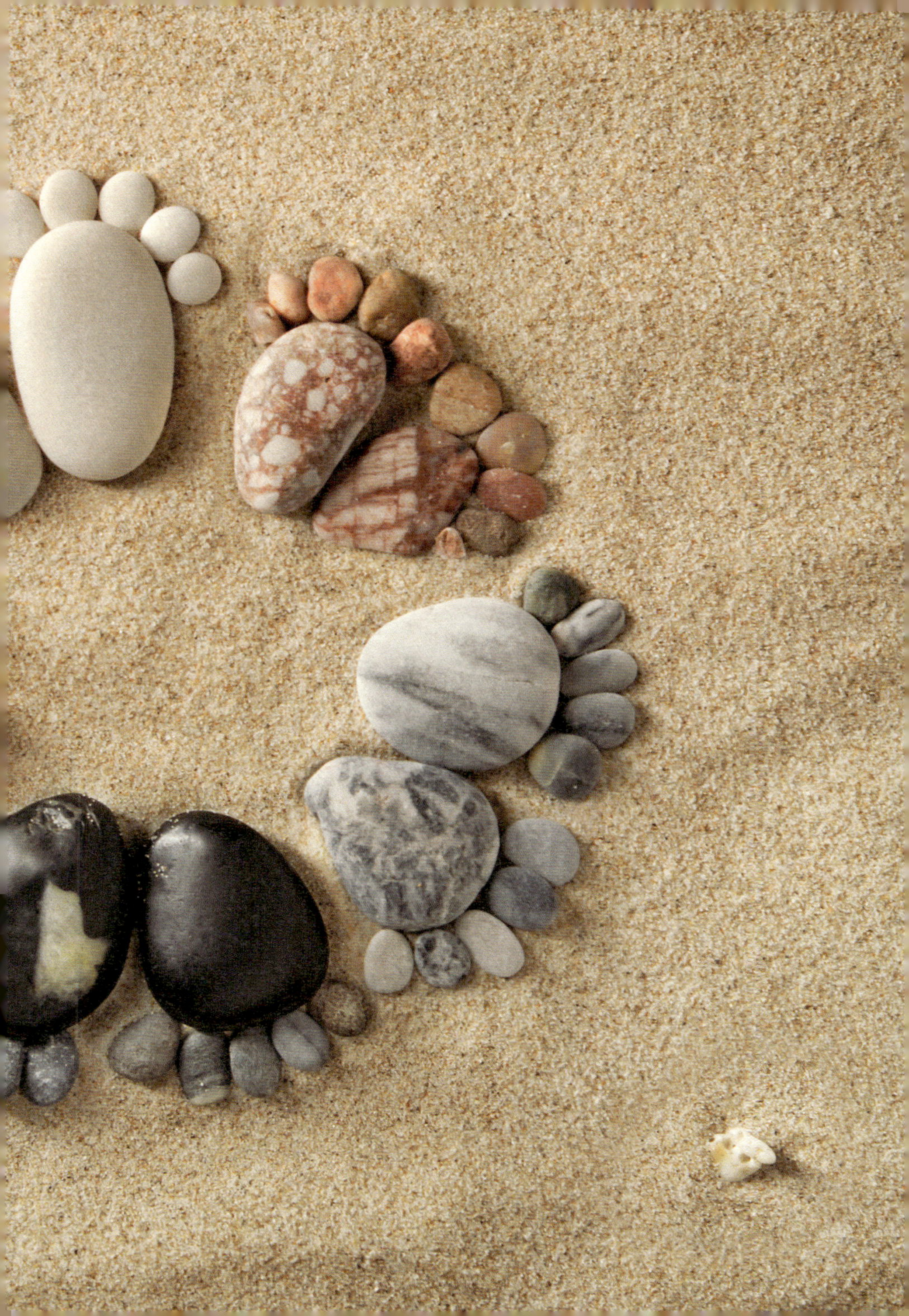

Ordnung und Reihenfolge

In Systemen und somit auch in der Familie, gilt es zu verstehen, dass alle Teilnehmer gleichberechtigt sind, d.h., dass jeder das gleiche Recht hat, zu sein. Parallel zu dieser Gleichberechtigung existiert das Prinzip von Ordnung und Reihenfolge, und um das zu verstehen, schauen wir auf ein einfaches Bild: Eine kleine Familie, bestehend aus Vater, Mutter und Kind, sitzt in ihrer Hütte, als man draußen einen Tumult hört. Wer geht als Erstes hinaus, um nach dem Rechten zu schauen, und wer bleibt beim Kind? Die natürliche Antwort auf diese Frage ist die Rangfolge und Ordnung, und diese hat nichts mit komparativen Egobegriffen wie »besser« oder »wichtiger« zu tun. Diese zunächst begriffliche Reihenfolge bekommt eine praktische Dimension, wenn wir über Arterhaltung sprechen: Frauen und Kinder zuerst!

Im Familienstellen arbeitet man mit kleinen Ritualen (z.B. Verbeugungen) und sogenannten lösenden Sätzen, die gerade durch ihre knappe, klare und eindeutige Formulierung große Wirkung zeigen. Um ein System zu ordnen, werden beispielsweise folgende Sätze gesprochen:

> Ich bin dein Vater. Du bist meine Tochter/mein Sohn. Ich bin der Große. Du bist die/der Kleine.
> Ich bin deine Mutter. Du bist meine Tochter/mein Sohn. Ich bin die Große. Du bist die/der Kleine.
> Das ist deine Großmutter/dein Großvater.
> Das ist deine Tochter.
> Das ist dein Sohn.
> Du bist mein Vater. Ich bin deine Tochter/dein Sohn. Du bist der Große. Ich bin die/der Kleine.
> Du bist meine Mutter. Ich bin deine Tochter/dein Sohn. Du bist die Große. Ich bin die/der Kleine.

Sowohl das Sprechen als auch das Hören dieser Sätze hilft dem Klienten, sich von seiner möglichen Orientierungslosigkeit (Wer bin ich? Wo gehöre ich hin?) und seiner damit verbundenen Kraftlosigkeit zu seiner natürlichen Stärke hinzubewegen.

Zu diesem Thema der Ordnung und Reihenfolge sei noch ein Beispiel vom Schreibtisch angeführt: Ihr Computer schaltet sich erst ab, nachdem (1) alle Dokumente gesichert und geschlossen wurden, (2) alle Programme beendet sind und (3) das Betriebssystem heruntergefahren ist. Ohne Betriebssystem funktioniert kein Programm, und ohne Tastatur können Sie kein Dokument anlegen. Dieses grundlegende Prinzip gilt es zu verinnerlichen: Es gibt eine Reihenfolge, aber gleichzeitig hat jeder das gleiche Recht auf seine Existenz. In jedem Unternehmen gibt es beispielsweise eine Unternehmensführung, eine Belegschaft, bestimmte Produkte oder eine Dienstleistung und Kunden. Kein Element kann ohne das andere existieren, und doch sitzen die einen vor und die anderen hinter dem Schreibtisch.

Um die Ursache dieses Prinzips besser nachvollziehen zu können, lohnt es sich, einen Blick auf unsere Entwicklungsgeschichte zu werfen: Viele Hunderttausende Jahre lang lebten unsere Vorfahren in Höhlen – und das nicht nur, wenn es regnete. Vielleicht starrte man damals – ähnlich wie heute in den Fernseher – einfach ins Feuer. Die Männer gingen auf die Jagd, während sich die Frauen um die Kinder und um das Feuer im Zentrum kümmerten. An dieses archaische Bild des Weiblichen reihen sich die Begriffe und Ideen von »Mutter« (lat.: *mater*), »Materie« (lat.: *materia*), »Erde«, »Höhle«, »Feuer«, »Herd«, »Zentrum«, »Heimkehr«, »Bewahren«, »Leben und Tod«. Aus Erde sind wir geboren, und zur Erde gehen wir zurück. Das weibliche Prinzip ist das nach innen gerichtete Prinzip. Es ist das Prinzip von Hüten und Bewahren, des Entstehens, des Gebärens. Man denkt an ein dunkles Himmelsgewölbe, an die Große Mutter und an die Urmutter, von der alles kommt und zu der alles wird.

Wenn wir uns aus der Jungsteinzeit und der Höhle heraus in die Antike hineinbewegen, dann begegnen wir wieder dem Begriff des *oikós*. Die Nachfolger des griechischen Philosophen Sokrates (469–399 v. Chr.) betonen die Gleichheit von Mann und Frau und überließen der Frau die Verantwortung und Autorität im Oikos, in der Haus- und Wirtschaftsgemeinschaft, also der Ökonomie. Die Frau bildete den Lebensmittelpunkt und sorgte mit der Aufsicht über die Ländereien für den Erhalt der materiellen Güter.

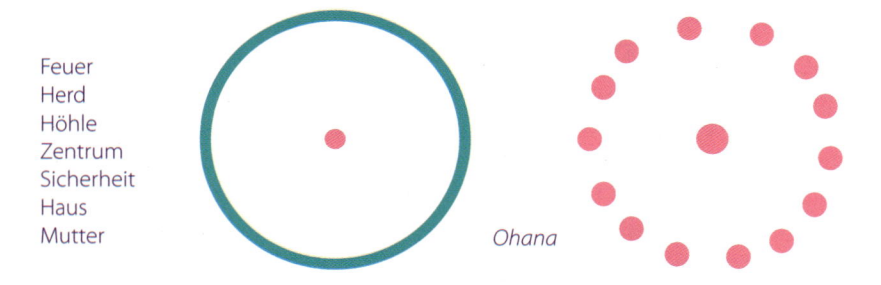

Feuer
Herd
Höhle
Zentrum
Sicherheit
Haus
Mutter

Ohana

Oikos und *Ohana*: Der Mensch steht wie ein Hauptdarsteller im Zentrum seines Lebens.

Doch schauen wir wieder zurück auf unsere Höhle, diesmal auf die Männer. Sie sitzen am Feuer und berichten sich von den Dingen, die sie bei der Jagd außerhalb der Höhle erlebt haben. Das männliche Prinzip ist das erzeugende und nach außen gerichtete Prinzip. Der Mann ist ein Lanzenträger, der in die Welt hinauszieht – sei es mit dem Pflug oder mit dem Schwert. Und es sind vor allem Männer, die in einen Krieg ziehen.

Nun gibt es Stimmen, die behaupten, dass Männer oft wortkarg seien, ihnen der Blick fürs Ganze fehle und sie einen erschwerten Zugang zu ihren Gefühlen hätten. Man kann es schwer abstreiten, doch kaum bekannt ist die wissenschaftliche Erklärung. Martin Rossmann MD, Leiter der Abteilung für integrative Medizin an der Universität von Kalifornien, beschreibt, wie winzige Testosteronschübe bereits bei männlichen Föten und später nochmals in der Pubertät eines Jungen das Wachstum jener Neuronen im Gehirn hemmen, die für vernetztes Denken und den Zugang zu Emotionen zuständig sind. Die neuronale Veränderung ist minimal, doch ausreichend für die Tatsache, dass Männer und Frauen aus neurowissenschaftlicher Sicht schlicht in unterschiedlichen Wahrnehmungsräumen leben. Dieser Umstand bewirkt selbstverständlich, dass Männer und Frauen Beziehungen vollständig anders erleben. Zum Glück, denn diese Differenz ermöglicht erst Beziehungen, Vielfalt und Vollständigkeit. Mit anderen Worten: Wer möchte schon mit einem Doppelgänger zusammenleben? Die Sicht wird vollkommen, wenn sie beides, den Blick fürs Ganze und fürs Detail beinhaltet. Eine emotionale Kaufentscheidung erfordert, mit Verlaub, eine rationale Erklärung. Sobald es ein Innen gibt, ergibt sich auch ein Außen. Erst die Vereinigung unserer männlichen und unserer weiblichen Seite macht uns vollständig. Wir beginnen zu begreifen – und aus dieser Vereinigung kann dann etwas Neues entstehen.

Fallbeispiel

Carola hatte wenig Selbstvertrauen. Von der alkoholkranken Mutter als Baby zur Adoption freigegeben, fühlte sie sich ungeliebt. Von ihrem Adoptivvater später missbraucht, suchte sie früh in wechselnden Beziehungen nach Halt, fand Erfüllung jedoch nur im Beruf.

In der Therapie wird beschlossen, die beiden Themen Missbrauch und Adoption zu trennen. Es gibt zwei Familienaufstellungen mit Carola in zwei Sitzungen. Beim Lösungsbild zur Aufstellung zur Adoption werden folgende Lösungssätze gesprochen: Die Stellvertreterin der leiblichen Mutter spricht:»Ich bin deine Mutter, und du bist meine Tochter. Ich habe dich weggegeben. Ich tat es aus Lie-

be. Es tut mir leid, dass ich dich nicht gesehen habe. Ich habe mich selbst nicht gesehen. Bitte verzeihe mir. Danke.« Anschließend spricht Carola: »Du bist meine Mutter, und ich bin deine Tochter. Auch wenn du mich weggegeben hast, so bleibst du immer meine Mutter. In Wahrheit ist es nur Liebe. Danke.«

Jedes adoptierte Kind sucht in seiner Seele nach seiner leiblichen Mutter. Die Verletzungen können noch so tief und schmerzhaft sein, jeder Mensch sucht nach der ursprünglichen Geborgenheit – genauso wie Carola oder Apple-Gründer Steve Jobs (1955–2011). Jeder sucht nach dieser Essenz des Lebens, und ob man nun ein Kind weggibt oder eines aufnimmt – in Wahrheit ist es immer nur Liebe, die wir suchen und auszudrücken versuchen.

Übung

Eine Übung zu Lösungssätzen und -ritualen

Bitte visualisieren Sie in einem für Sie angenehmen, d. h. in einem für Sie »richtigen« Abstand Ihre leibliche Mutter. Verneigen Sie sich vor ihr, und sprechen Sie langsam: »Du hast mich geboren. Ich war neun Monate in deinem Bauch. Mein Körper kommt von dir. Du hast mich zur Welt gebracht und bist dabei das Risiko eingegangen zu sterben. Du gabst mir das Leben. Danke.«

Bitte visualisieren Sie nun auch in einem für Sie angenehmen, d. h. in einem für Sie »richtigen« Abstand Ihren leiblichen Vater. Verneigen Sie sich vor ihm, und sprechen Sie langsam: »Du hast mich gezeugt. Das Leben kam durch dich zu mir. Dafür danke ich dir. Das Leben ist das Wertvollste, und ich mache etwas daraus. Danke.«

Was eine Familie zusammenhält – Von der Seele, der Familienseele und dem Gewissen

Das Familienstellen möchte zwei Fragen klären: (1) Was verstrickt die Familienmitglieder, und (2) was löst diese Verstrickung? Oder andersherum: Was verbindet die Familie, und wie kann die gemeinsame Liebe gelingen?

Wir sprechen hierbei von Bindungsenergien, und in diesem Sinne von der Seele und von Familienseelen. Der Begriff »Seele« beschreibt dabei nicht den spirituellen Wesenskern des Menschen wie im Sanskrit (*ātman* = Lebenshauch) oder im Hebräischen (*rûah* = Odem), sondern eine Art psychologisches Feld, das Familien zusammenhält. Wir sprechen deshalb auch von Loyalität und Gewissen. In einer Aufstellung werden darum psychologische Bereiche berührt wie die Persönlichkeit und die Motivation, also unsere Beweggründe, warum wir manchmal selbst gegen besseres Wissen handeln.

Zusammenfassend können wir sagen, dass ein Mensch einerseits individualistisch motiviert handelt, andererseits aber an die Werte seiner Familie gebunden ist. Am häufigsten erleben wir dies, wenn Menschen ihren eigenen Erfolg sabotieren, weil sie unbewusst glauben, aus der Familie, dem Stamm, ausgestoßen zu werden, wenn es ihnen z. B. finanziell besser geht als ihren Eltern. Aufgrund dieser Loyalität der Familie gegenüber entstehen viele Selbstsabotageprogramme. In einem Seminar des schwedischen Augentrainers Leo Angart ging es beispielsweise um eine Frau, die lediglich aus unbewusster Loyalität zu ihrer Mutter eine Brille trug, obwohl sie gesunde Augen hatte. Und in einem meiner Kurse traf ich eine Frau, die sich nach eigenen Aussagen eingebildet hatte, Diabetes zu haben, um mit ihrem Vater und ihrem Bruder etwas Gemeinsames zu haben. Obwohl viele Krankheiten nicht ansteckend sind, kann man beobachten, wie sie in Familien gehäuft auftreten. Verschiedene Familienaufsteller sehen darin den Versuch, das Schicksal eines anderen mitzutragen.

Ein Tiger, ein Jäger und ein Bär

Von der Familienseele, Werten und dem Verhaltenskodex handelt folgende kleine Geschichte:

Einst bahnte sich ein Jäger seinen Weg durch das dichte Grün des Urwalds, als er sich plötzlich einem mächtigen Tiger gegenübersah. Voller Entsetzen flüchtete der Jäger rasch auf den nächsten Baum. Er kletterte immer höher, um den scharfen Krallen zu entrinnen. Oben, hoch in der Krone, hatte sich auch ein Bär zurückgezogen, und dem rief der Tiger zu: »He Gevatter, schau, da kommt unser gemeinsamer Feind. Unzählige Tiere hat er in seiner Gier getötet, und die Köpfe und Felle deiner Verwandten schmücken seine Hallen. Die Menschen brüsten sich als Krone der Schöpfung, doch jetzt ist die Gelegenheit: Wirf ihn mir zu Füßen, und ich will ihm seinen verdienten Lohn geben.« Darauf antwortete der Bär: »Mein Herr, dieser Jäger hat in meinem Hause Zuflucht gesucht. Einen Hilfesuchenden auszuliefern wäre Unrecht. Ja, auch wenn dieser Mann aus Gier gehandelt hat, so ziemt es sich doch nicht für ein Wesen von höherer Intelligenz, ein schwaches und bedrängtes Wesen dem sicheren Tode zu weihen.« Darauf sprach der Tiger zu dem Jäger: »He Jäger, wie du hörst, wird der Bär dir nichts tun. Los, wirf ihn herab. Ich bin hungrig, und nachdem ich ihn gefressen habe, kannst du getrost weiterziehen. Das verspreche ich dir, bei meiner Ehre als Tiger.«

Der Jäger gab dem Bären einen kräftigen Tritt, sodass dieser von seinem Ast fiel. Der Bär ergriff jedoch rasch den nächsten Ast und konnte sich auf diesen retten. Da erhob der Tiger nochmals das Wort, und mit einer Stimme, die an das Grollen des mächtigen Donners erinnerte, sprach er: »Da siehst du, Gevatter Bär, die niedere Gesinnung des Menschen. Er ist nur sich selbst der Nächste. Er verleumdet unsere Große Mutter und seine Herkunft. Er ist der Feind aller Lebewesen. Jetzt, da er auch dich töten wollte, kannst du ihn mir getrost übergeben.« Doch der Bär antwortete: »Noch nie habe ich gehört, dass Rache einem Wesen nützlich gewesen wäre. Vielmehr tötet dieses Gift auch immer seinen Wirt. Unrecht mit Unrecht zu vergelten ist eine große Sünde. Ich werde die Werte der Bären, zu meditieren und nach der Wahrheit zu streben, weder verraten noch aufgeben. Selbst wenn jemand voller Arglist handelt, so ziemt es sich nicht, sich durch Rache zu erniedrigen.«

Systemfehler – vom Ausschließen und den Problemen, die daraus folgen

Eine Fußballmannschaft besteht bekanntlich aus elf Spielern. Wenn einer eine rote Karte bekommt und auf die Bank muss, dann haben die verbleibenden zehn ebenfalls Karten – nämlich schlechte. Sie müssen den Fehlenden irgendwie ersetzen, und das nicht, weil er faul war, sondern ein Foul gemacht hat. Dies ist auch in der Familie nicht anders: Sobald jemand aus einer Familie ausgeschlossen wird, weil er nicht in das Familienbild passt, oder fehlt, weil er verstorben[9] ist, muss ihn ein anderer vertreten. Derjenige, der nun an diese Vertreterstelle rückt, steht selbst nicht mehr auf seinem natürlichen Platz und ist, wie man im Systemstellen sagt, »verstrickt« – doch worin? Die Person (es kann sich hierbei auch um ein Objekt wie beispielsweise ein Haus handeln) steht nun in einer anderen Relation zur Familie. Bewusst oder unbewusst versucht dieser Verstrickte nun, Aufgaben, Pflichten und Erwartungen zu erfüllen, die gar nicht seine eigenen sind. Infolgedessen zeigt er ein Verhalten, das nicht seinem natürlichen Wesen entspricht. Immer weiter entfernt er sich nun von sich selbst und seiner eigenen Lebensaufgabe. Manchmal glauben Menschen, sich für jemanden aufopfern zu müssen, wei sie erhoffen, dadurch eine geheime Schuld bezahlen zu können. Doch das Leben und die Liebe opfern nicht, sondern versuchen immer, einen Weg der allumfassenden Heilung zu finden. Das Leben gibt, segnet und

---

9 Der Begriff »verstorben« bezieht sich hier primär auf Opfer von Gewaltverbrechen und Kriegsopfer.

vermehrt. Fazit: Das Ausschließen eines Familienmitglieds oder eigener Fähigkeiten und damit die Verweigerung der eigenen Lebensaufgabe erzeugt ein Problem, und das Wiederaufnehmen des Ausgeschlossenen bringt die Lösung.

Übung

Eine Übung, die erfolgreich macht

Bitte suchen Sie ab heute jeden Tag für ein paar Minuten einen Platz der Stille auf, an dem Sie über die folgenden Themen nachdenken können:

Wer bin ich?
Was ist mein wahrer Platz im Leben?
Was habe ich für Ziele?
Was kann ich dem Leben geben?

Diese tägliche Meditation führt Sie zur Essenz und zu dem Einzigen, was Sie wirklich haben, nämlich zu Ihnen selbst. Lernen Sie sich kennen.

Wann immer es um große Fragen ging, suchten die Helden der Antike im Tempel der Sonne den Rat des Gottes Apollo, damit sie die rechte Sicht und an Klarheit gewännen. An der Schwelle zum Heiligtum stand: »Erkenne dich selbst« (griech.: *gnothi seauton*), oder mit anderen Worten: Erkenne dich selbst, und werde der, der du bist. Heilung bedeutet heil bzw. vollständig sein. Wir können also nur glücklich sein, wenn wir uns vollständig fühlen, wir also nichts in uns selbst ablehnen.

Sie sind der einzige Mensch, mit dem Sie bis ans Ende Ihres Lebens zusammen sein dürfen, und deshalb ist es von absolut zwingender Not-

wendigkeit, dass Sie sich lieben, sich vergeben, mit sich zufrieden sind und Ihre Mitte gefunden haben.
Bitte beantworten Sie für sich während Ihrer täglichen Selbstbeobachtung ebenso die folgenden Fragen:

Gibt es jemanden in meiner Familie, ...
… mit dessen traurigem Schicksal ich mich identifiziere?
… dessen Gefühle ich mittrage?
… den ich nachahme, um eine Schuld zu sühnen?
… den ich nachahme, um auf ein Unrecht hinzuweisen?
… dessen Schicksal ich versuche mitzutragen?
… evtl. einen Verstorbenen, dem ich versuche, in den Tod nachzufolgen?

Umwelt

Bereits in den 1990er-Jahren wies der US-amerikanische Entwicklungsbiologe Dr. Bruce Lipton an der Stanford University nach, dass Stammzellen sich entsprechend ihrer Umgebung weiterentwickeln. Ob aus einer Stammzelle eine Bindegewebs-, Muskel- oder Nervenzelle wird, hängt von ihrem Milieu ab, und in gleicher Weise wird die Entwicklung eines Menschen durch sein soziales und kulturelles Umfeld beeinflusst, also durch die jeweils gesprochene Sprache, das Maß an Liebe und die gelebten Werte, Ängste und Sorgen – und diese Beeinflussung beginnt bereits im Mutterleib mit unseren pränatalen Erfahrungen. Wären Sie, liebe Leserin und lieber Leser, in einem anderen Teil der Erde geboren, so sprächen Sie jetzt eine andere Sprache, hätten einen anderen kulturellen Hintergrund – und würden aufgrund der Werte, die man Ihnen vermittelt hätte, anders über sich selbst und die Welt denken. Ja, wären Sie vielleicht nur wenige Flugstunden entfernt aufgewachsen, würden Sie den Ort, an dem Sie jetzt wohnen, vielleicht sogar hassen – wie schade, oder?

Wenn Sie zum Beispiel in einer Familie aufgewachsen sind, in der häufig kritisiert und Fehler in anderen gesucht wurden, dann ist es sehr sicher, dass auch Sie dazu neigen, sich und andere zu kritisieren. Das Verhalten Ihres Stammes wurde zu Ihrem inneren Dialog, da wir Menschen das nachahmen, was wir in Elternhaus, Schule und durch die Medien erfahren. Infolge Ihrer verurteilenden Gedanken können Sie leider Ihr Leben und Ihre Beziehungen nur zu einem Bruchteil dessen, was möglich wäre, genießen. Ihre Kritik und Verurteilung fesseln Sie. Wurde man in einer Familie groß, in der Schuld und Schuldgefühle ein Thema waren, dann wird man sich möglicherweise häufig kleinmachen, anfällig für Manipulation sein und selten direkt um etwas bitten können. Kein Mittel der Manipulation wird so gern gebraucht, wie anderen ein schlechtes Gewissen zu machen. Mit Schuld im Gepäck, glaubt man, nichts Gutes verdient zu haben, und so möglicherweise selbst dazu neigen, manipulativ zu handeln. In beiden Falle wäre es Ihre Aufgabe, alle Beteiligten in einer Aufstellung und einem Ho'oponopono an ihren richtigen Platz zu stellen, das heißt, jedem Lebewesen seinen vollkommenen Wert zurückzugeben, und sich dadurch selbst zu befreien.

Motiviert, das geistige Erbe der deutschen Psychologin Martha Muchow (1892–1933) zu vollenden, erforschte der Berliner Universitätsprofessor Kurt Lewin (1890–1947) den Einfluss unseres Lebensraums. 1933 emigrierte er in die USA und formulierte dort drei Jahre später folgende These: Unser Verhalten B *(Behaviour)* ist abhängig von unserer Umgebung E *(Environment)* und unserer Persönlichkeit P. P und E sind wechselseitig voneinander abhängig, woraus Lewin folgende mathematische Funktion ableitete: $B = f(E, P)$. Wir können uns deshalb folgende Frage stellen:»Wer bin ich, und zu wem wurde ich unter dem Einfluss des psychologischen Lebensraums, der sich vom Mutterleib über den Kindergarten, die Schule bis weit hinaus über die Straße, in der ich aufwuchs, erstreckte?« Die gleiche Frage stellte sich ein Adler im Hühnerstall. Hören wir hier seine Geschichte.

Ein Adler im Hühnerstall

Niemand weiß genau, wie es dazu kam, und selbst Hilde, das weiseste Huhn, kann sich nicht erinnern. Doch eines Morgens lag unter den Eiern in ihrem Nest ein weiteres Ei, das ein bisschen anders aussah als die anderen. »Was soll's«, dachte sie sich, brütete weiter wie gehabt, und schon bald schlüpften die Küken. Ein Küken sah allerdings etwas anders aus. Es war auch ungeschickter als die anderen, und weil es die Körner nicht so vornehm picken konnte, wurde es oft gehänselt. »Selbst schuld, wenn es gemobbt wird«, sagten die Hühner, denn schließlich wollte es sich ja nicht anpassen. Weder das Gackern noch der nette Hahn noch das Scharren schien diesem Huhn zu gefallen. »Ich möchte richtig fliegen, hoch hinaus, und Mäuse jagen. Ei, das wäre doch ein Spaß«, sagte es. »Ein Spaß?«, riefen ihm die anderen verächtlich zu, »das ist nur was für Dummköpfe«. Und so setzte sich unser Huhn in eine Ecke und träumte von der Freiheit, während der Schmerz über die Enge ihm fast das Herz zerbrach. Wir wissen natürlich, dass es kein Huhn, sondern eine junge Adlerdame war.

Eines Tages erschien ein dunkler Schatten am Boden. »Das ist der Schatten des Adlers«, riefen alle laut und rannten um ihr Leben. Nur das merkwürdige Huhn hatte wieder nichts kapiert und blieb sitzen. »Das musste dieses große mächtige Huhn sein, das die anderen den Adler nennen«, dachte es sich. Entschlossen flatterte es mit der Technik, die man ihm beigebracht hatte, auf einen Ast. Während es dort saß, erschien wieder der Schatten am Boden, und jetzt – jetzt konnte unser Huhn auch den Adler sehen. Es begriff, dass es nicht länger bei den Hühnern bleiben konnte. »Folge dem Pfad deiner Bestimmung«, hörte es tief in sich drin. »Ich bin bereit«, sprach es, erhob sich wie ein Adler in die Lüfte und ward nie mehr gesehen.

1956 formulierte der kanadische Soziologe Erving Goffman (1922–1982) ein Rollenkonzept, das daraufhin zum psychologisch-wissenschaftlichen

Standard avancierte: Alle Menschen spielen permanent Rollen. Je nach Situation und der Umgebung, in der wir uns gerade befinden, nutzen wir einen anderen in und zu uns gehörenden Persönlichkeitsanteil. Wie Schauspieler auf einer Bühne können wir auf unserer Bühne des Lebens in andere Rollen schlüpfen. Doch weil all diese Rollen Teil unserer Persönlichkeit sind, bleiben wir dabei stets auch immer wir selbst.

Übung

Eine Übung, um Rollen zu identifizieren

Untersuchen Sie nun bitte, wie sich unterschiedliche Situationen, Menschen und Orte auf Ihr Verhalten auswirken. Welche Rollen spielen Sie in Ihrer Gegenwartsfamilie, in Ihrer Herkunftsfamilie, an Ihrem Arbeitsplatz, im Verein, wenn Sie am Bankschalter stehen oder ein Autohaus betreten, wenn Sie sich am Strand sonnen oder im Restaurant essen gehen? Untersuchen Sie dabei auch, was genau in Ihrem Körper passiert, und fragen Sie sich, mit welchen Familienmustern und Glaubenssätzen dies zu tun haben könnte. Welche Verhaltensweisen haben Sie übernommen? Welche Entscheidungen, die Sie in Ihrer Kindheit getroffen haben, haben Sie nie wieder berichtigt, obwohl diese ihre Gültigkeit verloren haben? Fragen Sie sich ebenso kritisch, ob Sie möglicherweise ein Familienmitglied nachahmen, sich mit jemandem aus Ihrer Familie identifizieren oder versuchen, ein anderes Schicksal mitzutragen. Welche Schulden wollen Sie möglicherweise begleichen? Arbeiten Sie auch hier mit einer Tabelle in Ihrem Arbeitsbuch. Legen Sie dafür folgende Spalten an: (1) Umgebung, (2) Rolle, (3) Verhalten, (4) Gefühle und Emotionen, (5) destruktive Glaubenssätze, (6) Nachahmung bzw. Identifikation.

Wir haben nun die kraftvolle Methode des Familienstellens kennengelernt – und sogleich folgt eine weitere: das wirkungsvolle Ho'oponopono der alten Hawaiianer. Beide Methoden haben das gleiche Ziel, denn sie wollen Beziehungen heilen und den Menschen in der Entwicklung und Entfaltung seines Potenzials unterstützen. Im Anschluss werde ich Ihnen dann die Möglichkeiten präsentieren, die sich aus der Verbindung dieser beiden kraftvollen Methoden ergeben. Seien Sie gespannt!

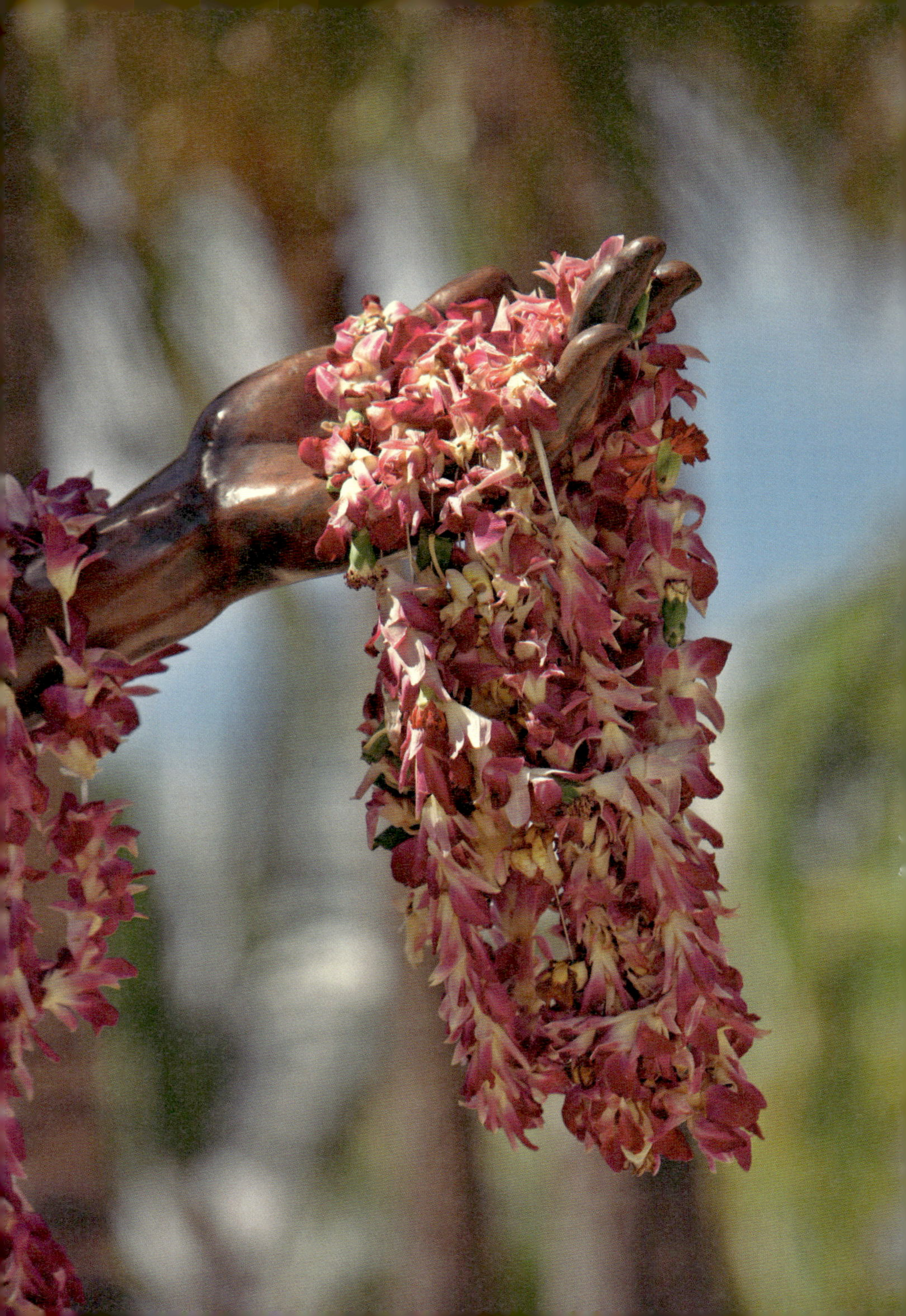

Ho'oponopono

Was ist das?

Ho'oponopono gehört zu den alten schamanischen Lehren Hawaiis, den *Kahuna*-Wissenschaften, und bezeichnet eine Methode zur Lösung persönlicher Probleme und zwischenmenschlicher Konflikte. Das Ziel von Ho'oponopono ist es, auf vielen Ebenen Beziehungen zu heilen, (1) vor allem zu sich selbst, (2) zu anderen Menschen, (3) zur Umwelt und (4) zur Urquelle.

Als eine Art Familientherapie und Mediation über die Jahrhunderte hinweg gepflegt, entwickelte sich Ho'oponopono in den letzten Jahrzehnten von der traditionellen Familienkonferenz zu einer Selbsthilfemethode, die wir heute oftmals in einer vereinfachten Variante praktizieren. Im Zentrum von Ho'oponopono steht ein Vergebungsritual. Durch Annehmen, Entschulden, Verzeihen, Vergeben und Versöhnen sorgt Ho'oponopono für Lebenshilfe in den drei großen Konfliktfeldern: (1) Beziehungen, Partnerschaft und Familie, (2) Beruf, Berufung und Lebensunterhalt, (3) Aktivierung der Selbstheilungskräfte (z. B. durch Reduzierung von Stress).

Wortbedeutung

Ho'o bedeutet je nach Zusammenhang »etwas machen, tun, stellen oder errichten«. Das Wort *Pono* kann man je nach Zusammenhang mit (1) »richtig«, (2) »flexibel« oder sogar mit (3) »Barmherzigkeit« übersetzen. Gerade in Beziehungen muss man flexibel sein und das Ego hintanstellen. Über kleine Fehler hinwegzusehen, ist dabei nicht nur barmherzig, sondern es macht das Leben angenehmer, denn es gilt: Wer in seinen Beziehungen viele Regeln aufstellt, lebt in engen Grenzen, und wer lebt schon gern in einem selbst gemachten mentalen Gefängnis? »Bei Ho'oponopono geht es nicht darum, wer recht hat, sondern um gute Beziehungen«, erklärte mir 2012 die hawaiianische Priesterin Haleaka Iolani Pule.

Die Dinge wieder richtigstellen

Ho'oponopono lässt sich also wörtlich mit »richtig richtig machen« übersetzen, und man meint damit »die Dinge wieder richtigstellen« oder »die universelle Ordnung wiederherstellen«. Der Gedanke dabei ist, dass alles aus der Urquelle (haw.: *Ke Akua oi'a'io*) kommt, deren Essenz *Mana Aloha*, also reine Liebe ist. Für die alten Hawaiianer war das Leben ein großer Fluss (haw.: *Wai Wai*) von materiellem und spirituellem Reichtum, dem man sich geistig-spirituell nur zuwenden bzw. öffnen musste. Das Leben selbst ist Fülle, und ein Mensch, der mit sich und dem Kosmos in Harmonie lebt, kann glücklich, gesund und in Wohlstand leben.

Die kosmische Ordnung wiederherstellen

Das Wort *Pono* kommt zweimal vor, denn sowohl zu einer harmonischen Beziehung, in der alle Beteiligten gemeinsam wachsen, als auch zu einem anstrengenden Konflikt gehören immer zwei. Damit eine Beziehung grundlegend in Balance ist, muss die Lösung eines Problems für alle Beteiligten *pono* sein: richtig für mich und richtig für dich. Richtig für die Menschen, richtig für die Tiere, richtig für alle Pflanzen und richtig für die Erde. Diese Methode, Konflikte auf allen Ebenen zu heilen, zielt einzig und allein auf eine sogenannte Win-win-Beziehung, d.h., man strebt nach Beziehungen, in denen alle Beteiligten gewinnen. Eine sogenannte Win-lose-Beziehung, z.B. im Geschäftsleben, wenn Arbeitskräfte in Drittländern angesichts der prekären Arbeitsbedingungen ihre Gesundheit einbüßen oder in der Landwirtschaft umweltbelastende Pestizide verwendet werden, ist in Wirklichkeit eine Lose-lose-

Beziehung – alle Beteiligten werden verlieren, da man sein Glück nicht auf dem Leid anderer gründen kann.

Innen richtig und außen richtig

Ponopono, »innen und außen richtig«, gründet auf dem kosmischen Prinzip der Entsprechungen (haw.: *Kuolo*). In diesem Sinne findet z. B. die Umweltverschmutzung im Außen ihre Entsprechung im Innen in Form einer Verschmutzung des Herzens. Umgekehrt würde dies bedeuten, dass eine rücksichtsvolle Gattung Mensch, die weniger Probleme bei ihren planetaren Mitbewohnern verursachen würde, auch selbst unter weniger Zivilisationskrankheiten leiden müsste. Doch das Loch im Herzen, in dem keine Liebe ist, ist wie ein Fass ohne Boden und verlangt danach, gefüllt zu werden. Erst durch dieses Vakuum im Herzen entstehen die Mangelerscheinungen in der Welt, denn die Kausalkette beginnt im Geiste. Man kann auch sagen: Alles wird zweimal erschaffen – zuerst in unserer Vorstellung und dann auf materieller Ebene.

Le ʻaleʻa ka ʻōlelo i ka pohu aku o loko.
Wenn es im Inneren ruhig ist, ist das,
was herauskommt, angenehm.

Sprichwort aus Hawaii

Richtig für dich und richtig für mich

Wenn unsere Gedanken und Absichten liebevoll, mitfühlend und friedvoll sind, werden auch die Ergebnisse angenehm sein. Wie alles im Universum folgt *Ponopono* dabei dem grundlegenden Gesetz von Ursache und Wirkung: *Ka Ua Mea*. Alles, was wir tun, und alles, was wir unterlassen, führt zu Ergebnissen. Unsere Lebensumstände sind kein Zufall, sondern die Folge unserer Gedanken, unserer dadurch gefällten Entscheidungen und schließlich unseres bewussten oder unbewussten Handelns. Es ist ein Unterschied, ob man einen Mitarbeiter mit seinen Bemerkungen ermutigt oder entmutigt. Es ist ein Unterschied, ob man gut oder schlecht über jemanden denkt. Es ist ein Unterschied, ob man Sport treibt oder nicht, ob man Kindern ein gutes oder ein schlechtes Vorbild ist, ob man unüberlegt oder nachhaltig einkauft. Als mündige Wesen mit Schöpfungspotenzial geben wir mit allem, was wir tun, einen Stimmzettel für uns und die Welt ab. Wir ernten heute, was wir gestern gesät haben – und das Gleiche gilt für morgen.

Dieses Gesetz von Ursache und Wirkung birgt eine große Chance für die Menschheit in sich, die Natur zu heilen und Weltfrieden zu ermöglichen. Um sich also vom Spielverderber im Ökosystem wieder zum Teamspieler in der großen Weltfamilie zu entwickeln, müssen wir nur neue Ursachen säen – dann können wir Frieden ernten. Frieden im Herzen führt zu Frieden in der Welt.

Die historischen Strömungen des Hoʻoponopono

Das schamanische Hoʻoponopono: Die Heilung des Körpers

Hoʻoponopono ist die Kunst der Mediation und Versöhnung, der Schlichtung, Heilung und Lösung scheinbar auswegloser Situationen. Wann immer es im alten Hawaii ein Problem gab, wurde der *Kahuna-Hoʻoponopono* gerufen, um die Wurzeln im Feinstofflichen zu heilen. Dieser Fachmann des Huna, des verborgenen Wissens, schaute, welche geistigen Ursachen zum Konflikt geführt hatten, und nachdem er diese berichtigt hatte, ordnete sich die materielle Existenzebene neu.

> Der Vermittler und der Mediator – *Haku* und *Tutu*
> Der Schamane – *Kahuna-Hoʻoponopono*
> Der Begleiter der Götter – *Kanaloa*

Der Moderator in solch einer Familienkonferenz wird *Haku* genannt und ist grundsätzlich eine natürliche Autorität. Er fungiert als neutraler Mediator zwischen den Konfliktparteien, also zwischen den Opfern, Tätern und jenen Beteiligten, die in das Drama hineingezogen wurden (haw.: *Hihia*). Wann immer es also ein Problem gab – sei es eines innerhalb der Familie oder ein persönliches wie z. B. eine Krankheit – wurde der *Kahuna-Hoʻoponopono* gerufen. Dieser Schamane war wie der griechische Therapeut ein Diener der Götter, der sein Wissen und seine Erfahrung nur dem Glaubenden zur Verfügung stellte. Eine der wichtigsten Voraussetzungen für das Wirken eines *Kahuna* im

Hoʻoponopono war das Vertrauen. Wir wissen, es ist der Glaube, der die Berge versetzt, und sobald jemand am Wirken des *Kahuna* Zweifel zeigte, empfahl dieser einen anderen Fachmann und empfahl sich dann selbst.

Das Ur- und Vorbild des großen Heilers ist in der Tradition von Huna eine Art Übermensch, genannt *Kanaloa*. *Kane* bedeutet übersetzt »Mensch« und »Geist von Gottes Geist«, und *Loa* ist das Licht aus *Mana Loa*. *Kanaloa* war ein Begleiter der Götter, der infolge seiner Reinheit im Herzen über enorme Heilkräfte verfügte. Dies erinnert uns an Jesus, der ebenfalls geradezu unbegrenzte Heilkräfte in sich trug.

Mai nana ʻino ʻino na hewa o kanaka
aka e huikala a ma ʻema ʻe no.
Betrachte nicht mit Missgunst die Sünden eines
Menschen, sondern vergib und reinige.

Königin Liliʻuokalani (1838–1917)

Das traditionelle Ho'oponopono: Das Heilen von Beziehungen

Die ersten schriftlichen Aufzeichnungen über Ho'oponopono finden wir in den Büchern der hawaiianischen Wissenschaftlerin und Autorin Mary Kawena Pukui (1895–1986), die über die hawaiianische Kultur in den 1950er-Jahren schrieb. Hier wird Ho'oponopono dem Westen als Familientherapie präsentiert, bei der versucht wird, in vier Schritten Missverständnisse und Fehlverhalten im gemeinsamen Einvernehmen zu bereinigen. Dies hätte zeitlich nicht besser passen können, denn die amerikanische Gesellschaft befand sich nach dem Zweiten Weltkrieg im Aufschwung und die durch Sigmund Freud (1856–1939) individualistisch und klientenzentriert geprägte Psychotherapie hieß die neue systemorientierte Familientherapie willkommen.

Die vier Stufen der Familienkonferenz in Kurzfassung[10]

Im traditionellen Ho'oponopono kam die Familie jeden Abend zusammen, um noch vor Sonnenuntergang alles Ungeklärte, etwaige Missverständnisse, jeglichen Stress, Beziehungskonflikte, Meinungsverschiedenheiten, Neid und Befürchtungen zu bereinigen. So konnten sich keine negativen Emotionen halten oder Gefühle hochschaukeln. Durch dieses geradezu präventive Ritual blieb das Familiensystem stabil, da die folgenden primären Bedürfnisse erfüllt wurden: Anerkennung, Wertschätzung, Integrität, Loyalität.

(1) *Pule*, die Verbindung: Die Familie kommt zusammen, um ein Problem (haw.: *Pilikia*) zu lösen. Dies ist die innere Sammlung und Verbindung aller Anwesenden untereinander mit der Urquelle im Gebet. Man spricht über die gemeinsamen Ziele der *Ohana* und segnet alle Beteiligten für das erfolgreiche Unternehmen.

---

10 Eine vollständige Übersicht aller Schritte der Familienkonferenz finden Sie im Anhang.

(2) *Mahiki*, das Anschauen des Problems: Die Teilnehmer sprechen unter Anleitung eines Vermittlers, des *Haku*, detailliert über das Thema und übernehmen persönlich Verantwortung. Um das gegenseitige Verständnis zu verbessern, werden dabei auch die Täter-Opfer-Rollen getauscht, d. h., die Konfliktpartner müssen in die Rolle des jeweils anderen schlüpfen und von dort aus sprechen und argumentieren.

(3) *Mihi*, die Wiedergutmachung und das wechselseitige Vergeben: Materielles, das man schuldet, wird zurückgegeben. Man bittet um Verzeihung (die intellektuelle Ebene) und um Vergebung (die Ebene des Herzens). Man verzeiht sich selbst bedingungslos.

(4) *Kala*, die Freiheit durch das Gewähren von Vergebung: Nachdem alle negativen Gefühle entlassen wurden, bekunden alle Beteiligten ihre Bereitschaft, ab sofort konstruktiv im Sinne der Gemeinschaft zu handeln.

Hier werden bereits die Ähnlichkeiten zum Vorgehen bei einer Familienaufstellung sichtbar: Das Anliegen *(Pilikia)*, die Gruppe *(Ohana)*, der Therapeut *(Haku)*, die Stellvertreter (Rollenwechsel im *Mahiki*), das Hinbewegen zum Lösungsbild (*Mahiki* und *Mihi*) und das Lösungsbild selbst (die Versöhnung, *Mihi* und *Kala*).

Bevor die Sonne untergeht, vergib.

Hawaiianisches Sprichwort

Das moderne Ho'oponopono: Hilfe zur Selbsthilfe

Falls Sie sich an die Fernsehserie *Die Waltons* erinnern, so sehen Sie vor Ihrem geistigen Auge das Bild einer Großfamilie, bestehend aus den Großeltern, den Eltern und einer Schar Kinder, die sich abends alle andächtig um das einzige Radio bzw. später um den einzigen Fernseher im Haus versammeln. Diese Ära endete mit den 1970er-Jahren. Das Fernsehen wurde farbig und immer mehr Programme konnten empfangen werden. Bald hatte jedes Familienmitglied seinen eigenen Fernseher – und auch seine eigenen Probleme. Die Familien zerbrachen gewissermaßen, und Hilfe war nötig. So passte Morrnah Nalamaku Simeona, die Großnichte der bereits erwähnten Mary Kawena Pukui, die Familienkonferenz an die modernen Umstände an, indem sie christliche und indische Elemente integrierte und sie zu einer Hilfe-zur-Selbsthilfe-Methode weiterentwickelte. Nun war es möglich, Ho'oponopono allein zu praktizieren, also ohne einen *Haku* als Mittler zwischen den streitenden Parteien. Diese Methode folgt zwölf Schritten mit Gebeten.[11]

Das vereinfachte Ho'oponopono: Eine Friedensformel in vier Sätzen

In den letzten Jahren wurde ein Ho'oponopono in vier Schritten bekannt. Diese Version geht auf einen Schüler von Morrnah Nalamaku Simeona zurück, auf Dr. Ihaleakala Hew Len. Er machte von sich reden, als er in den 1980er-Jahren mehrere psychisch kranke Strafgefangene heilte – mit seiner vereinfachten Form des Ho'oponopono.[12] Das Ziel dieses vereinfachten Ho'oponopono ist es, Konflikte rasch zu lösen und das eigene innere Gleichgewicht wiederzufinden, also von der Trennung in die Einheit, in die

---

[11] Eine detaillierte Beschreibung dieser Variante finden Sie in Dr. Diethard Stelzl: *Das Huna-Kompendium. Therapeutische Anwendungen der schamanischen Weisheit Hawaiis.* Schirner 2015.
[12] Mehr zu dieser Begebenheit in Ulrich Emil Duprée: *Ho'oponopono. Das hawaiianische Vergebungsritual.* Schirner 2011.

Mitte und somit in die Heilung zu kommen. Im Zentrum steht das Löschen von dysfunktionalen Erinnerungen, man kann auch sagen, von neuronalen Daten, die mehr aus einem Problem machen, als es eigentlich ist. Häufig entstehen Konflikte, die kaum etwas mit dem eigentlichen Thema zu tun haben, sondern allein in unserer Wahrnehmung, in unseren frühkindlichen Verletzungen und Erinnerungen begründet liegen.

> Es tut mir leid. Bitte verzeihe mir. Ich liebe dich. Danke.

Diese vier Sätze bzw. Schritte des modernen Ho'oponopono sind eine Zusammenfassung des mittleren Teils des traditionellen Ho'oponopono: des wechselseitigen Vergebens (haw.: *Mihi*). Es ist gerade die Schlichtheit dieser Friedensformel, die das gesamte Konfliktlösungskonzept von Ho'oponopono erkennen lässt.

Es tut mir leid.
Ich akzeptiere das Negative bzw. das der Liebe Entgegengesetzte in mir. Es tut mir leid, dass ich und meine Ahnen dich und deine Ahnen bewusst oder unbewusst verletzt haben. Es tut mir leid, dass ich andere bewusst oder unbewusst verletzt und in ihrer Entwicklung gestört habe. Ich bereue und entschuldige mich.

Bitte verzeihe mir. – Ich verzeihe mir.
Ich verzeihe mir das Negative in mir. Ich verzeihe mir, dass ich mich zur Verfügung gestellt habe. Ich verzeihe mir, dass ich auch schon Täter war. Ich bitte darum, mir zu verzeihen, dass ich ein Teil des Problems war. Ich verzeihe mir, weil ich mich schuldig fühle. Ich verzeihe dem Täter und lasse ihn los.

Ich liebe mich. – Ich liebe dich.
Ich respektiere mich, und ich respektiere dich. Ich liebe mich mit all meinen Schwächen und nehme mich an. Ich liebe, was ist. Ich habe Vertrauen, dass diese Situation mich weiterbringt. Ich respektiere die Situation, die mir zeigt, was zu tun ist. Ich liebe die Situation, die zu mir gekommen ist, um mich wieder in den Fluss des Lebens zu bringen. Ich sehe das Göttliche in dir, und ich sehe das Göttliche in mir. Ich nutze die Erkenntnis und gestalte die Situation neu. Liebe ist die einzige und größte Kraft im Universum.

Danke.
Ich danke für den Segen, der in dieser Situation steckt. Ich danke für die Transformation. Ich danke für die Erkenntnis. Danke für die gemachte Erfahrung. Danke für die für mich und alle Beteiligten beste Lösung. Ich erlaube die Heilung. Ich danke für das Wunder. Ich danke für mein Leben.

Mit dem Wort »Danke« gibt man gleichsam die Erlaubnis zur Heilung und zur Löschung jener Daten, die zum Konflikt geführt haben. Danke sagt man, wenn man etwas erhält. Da man nicht an zwei Dinge gleichzeitig denken kann, gelangt man mit seiner Dankbarkeit sofort vom Mangel in die Fülle. Danke zu sagen heißt, zu glauben bzw. überzeugt davon zu sein, bereits empfangen zu haben – denn würde man mit leeren Händen dastehen, wäre es ja unsinnig, Danke zu sagen. Man kann das Universum nicht austricksen, indem man sich mit der Absicht, zu empfangen, schon im Voraus bedankt. Der innere Zweifel ist der ursprüngliche Impuls (sans.: *Vrit*), der wirkt. Neben dem Zweifel, der Angst und dem Nichtvertrauen besteht ein weiterer Hinderungsgrund zur Heilung bzw. Reinigung darin, dass viele Menschen zwar gern gesund wären, jedoch nicht bereit sind, dafür etwas zu tun. Das liegt vor allem daran, dass es noch einen sogenannten versteckten Gewinn gibt: Unbewusst glaubt man, mit dem Aufrechterhalten des Problems ein Bedürfnis (z. B. Anerkennung oder Ruhe) zu erfüllen. So verfolgt jeder Mensch mit seinem Handeln in der Tiefe seiner Seele stets einen Zweck.

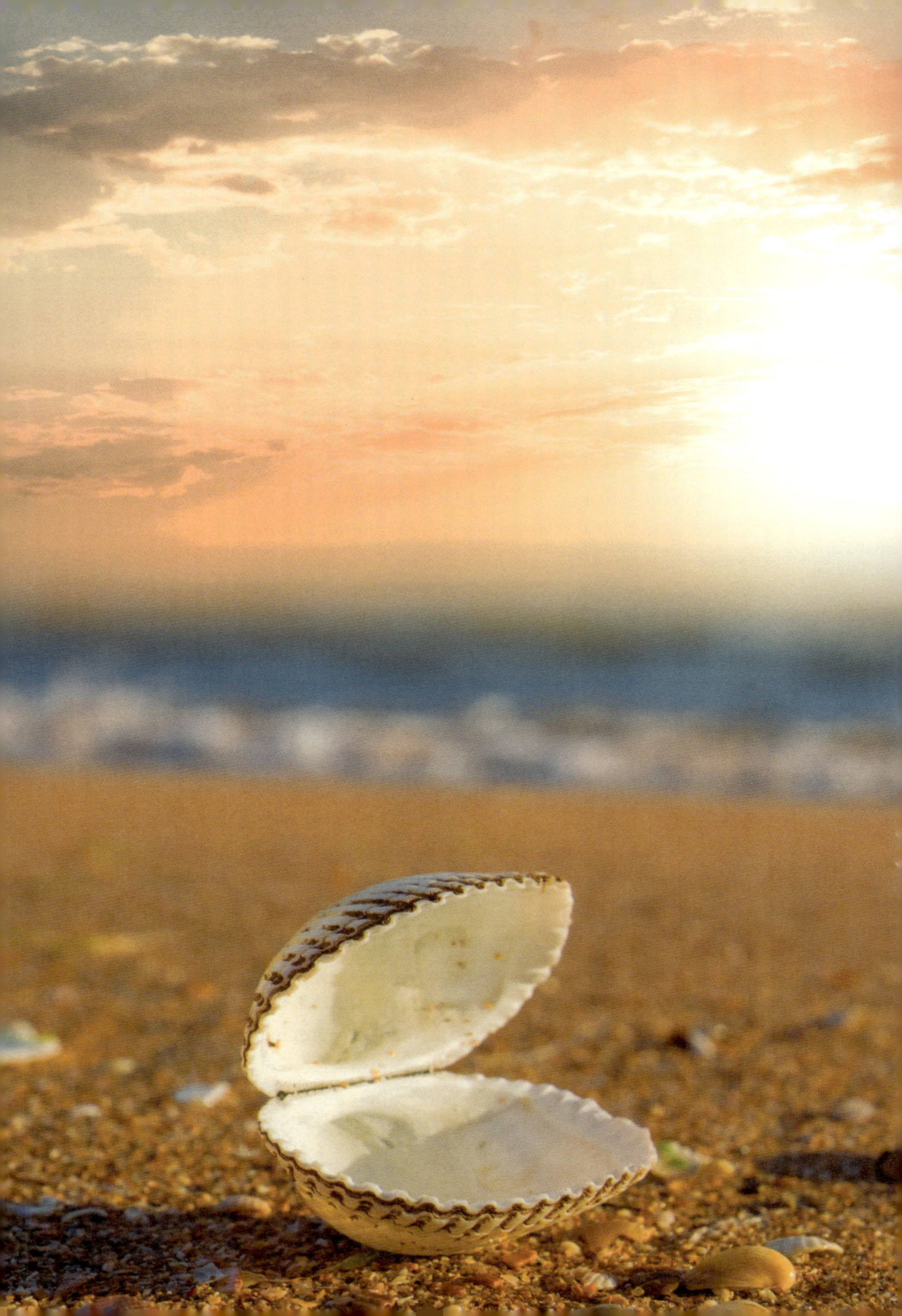

Wer oder was heilt in einem Ho'oponopono?

Ho'oponopono ist ein lösungsorientiertes System. In den Seminaren und Kursen, die ich zusammen mit meiner Partnerin Andrea Bruchacova gebe, erfahren unsere Teilnehmer, wie sie den sogenannten Anteil bzw. die Resonanz in ihren Problemen finden. Der Begriff »Anteil« ist dabei als Antwort auf folgende Fragen zu verstehen:

> Wie bin ich persönlich mit dem Thema verbunden?
> Gibt es in mir etwas Hässliches, Negatives oder Dysfunktionales, was im morphogenetischen Feld wirken könnte?
> Welches destruktive Verhalten steckt noch in mir?

Wir sollen uns fragen, was das Hindernis über uns selbst sagt und in welcher Weise das Hindernis uns weiterbringen kann. Jede Situation und jedes Problem beinhaltet dadurch eine Botschaft – und verliert so seine Bedrohlichkeit. Durch diese Herangehensweise erkennen wir den Sinn dahinter, und die Teilnehmer wechseln von einem Zustand der Macht- und Hilflosigkeit in einen Zustand der Selbstbestimmung und der Kraft. Dies können wir nun für die Methode des Familienaufstellens nutzen: Indem in einer Aufstellung im Sinne der hawaiianischen Familienkonferenz Muster, Verstrickungen und destruktive Gewohnheiten gelöscht werden, entstehen neue Möglichkeiten und synergetische Effekte für den Klienten. Dabei können wir je nach Thema mit allen vier Varianten des Ho'oponopono arbeiten und Menschen und Unternehmen darin anleiten, wie sie ihre vielfältigen Probleme zukünftig selbst lösen können.

Ursachen und Probleme

Nach Huna sind Probleme Zeichen und Symptome einer energetischen Verspannung. Irgendwo in der Vergangenheit ist ein Unrecht geschehen, d. h., es wurde gegen das kosmische Gesetz der Harmonie verstoßen, und deshalb kann die Energie nicht mehr fließen. Solange das Prinzip von Geben und Nehmen im Ausgleich ist, fließt *Wai Wai*, der Strom von materiellem und spirituellem Reichtum, und Menschen, Tiere und die Natur leben glücklich, gesund und ohne Mangel miteinander. Verhält sich jemand in der großen *Ohana* allerdings respektlos, beleidigt oder verletzt er jemanden, so führt das zu Disharmonie und energetischen Störungen. Energetische Störungen entstehen auch, wenn jemand zu viel gibt oder zu viel nimmt, denn das stört ebenfalls die Harmonie. Geben und Nehmen müssen wie das Atmen im Gleichgewicht sein – nur zu nehmen oder nur zu geben würde zu Ungleichgewicht und Disharmonie führen.

Bei einem Überhang an Negativität, wir nennen es Unrecht, entstehen energetische Verspannungen. Die Energie kann nicht fließen, und die Folge sind kleine und große Konflikte: Streitereien um Alltäglichkeiten, Ängste, Krankheiten, Schulden, Umweltzerstörungen und Bedrohungen. Alle Konflikte sind Symptome, Effekte und Reaktionen auf ein Unrecht, das durch uns oder unsere Ahnen in diese Welt gekommen ist. Der emotionslose Richter, das Gesetz von Ursache und Wirkung, sorgt dafür, dass wir genau jene Erfahrungen machen, die wir verursacht haben, um daraus zu lernen.

Die Liebe und die Urquelle

Das Löschen und Reinigen vom bitteren Geschmack der psychischen, mentalen und emotionalen Verletzungen geschieht durch die Urquelle (haw.: *Ke Akua*), die liebevolle Gottheit im Herzen. Die Essenz dieser Urquelle ist *Aloha*, die vorurteilslose Liebe, die wie die Sonne über allem scheint. Urteilslosigkeit und die Formulierung einer klaren Absicht sind die Zutaten, um das Quantenfeld aus der unendlichen Möglichkeitswolke in die Wirklichkeit einrasten zu lassen.[13] Diese Absicht wird im *Kūkulu Kumuhana*[14] formuliert. *Kūkulu Kumuhana* ist eine der machtvollsten Techniken innerhalb des traditionellen Ho'oponopono. Wenn Ihr Geist von den Verletzungen der Vergangenheit gereinigt ist, können Sie sich mit neuer Energie aufladen und Ihre Realität nahezu frei gestalten. Wenn Sie gesund sein wollen, müssen Sie sich für Gesundheit entscheiden. Wenn Sie gute Beziehungen oder finanzielle Freiheit wollen, müssen Sie sich für diese entscheiden. Das Wort »Entscheidung« bedeutet, einen eindeutigen Weg zu gehen. Diese Entscheidung bekunden Sie im vereinfachten Ho'oponopono mit dem Wort »Danke«.

Genauso, wie es in der Sonne keine Dunkelheit gibt, gibt es in der Liebe keinerlei Negativität oder Anklage. Die Begriffe Verurteilung und Schuld sind ihr fremd, weil sich jeder Mensch wie ein Reisender individuell auf dem Weg seiner Entwicklung und der Evolution seiner Bewusstwerdung befindet. Die Urquelle kennt keine Feinde. Freund und Feind sind Konzepte, die auf individueller Wahrnehmung gründen, der Dualität und der Trennung. Wie man einen Reisenden nicht anschreit, wenn er sich im Wald verirrt hat, so verurteilt die Urquelle niemanden, weil sich ja alle auf ihrem Weg befinden. Das Verhalten eines Menschen wird hingegen durch das Gesetz von Ursache und Wirkung berichtigt. Das Missverständnis, das zum individuellen und kollektiven Fehlverhalten führt – z. B. Missbrauch, Gewalt, Ausbeutung, Manipulation –, besteht im Irrtum der Trennung; die Abspaltung von sich selbst, anderen Menschen und von der Natur.

In einem Ho'oponopono suchen wir immer das Gemeinsame und Verbindende. Wie in der Familienaufstellung wird das, was abgelehnt wurde, gesehen und durch Mitgefühl und Vergebung erlöst. Wie in einer

---

13 Mehr dazu im Kapitel »*Ike* – Sichtweise: Die Welt ist subjektiv«, S. 91.
14 Mehr Informationen finden Sie in: Andrea Bruchacova und Ulrich Emil Duprée: *Kūkulu Kumuhana*, Kailash 2014.

erfolgreichen Familienaufstellung findet die Versöhnung statt, weil alles wieder am richten Platz steht, wo jeder Beteiligte Sicherheit und Respekt erfährt.

Die Flamme von *Aloha*

In einer alten Geschichte Hawaiis wird erzählt, dass unser Herz einer Schale gleicht. In dieser Schale brennt ein anmutiges und wundervolles Licht – die Flamme der Liebe – *Aloha*. Mit und durch diese Liebe ist uns alles möglich. Mit der Flamme von *Aloha* kann man mit den Vögeln fliegen und mit den Haien schwimmen. Jedes Mal aber, wenn jemand z. B. ärgerlich oder neidisch ist, so geschieht es, dass sich ein kleiner Stein in die Schale des Herzens legt. Dieser Stein verdrängt das Licht, die Flamme von *Aloha*, und es wird dunkler – denn zwei Dinge können nicht gleichzeitig denselben Raum einnehmen. Wenn man dann einen, zwei oder mehrere Steine in seiner Schale hat, braucht man nur eines zu tun: Man dreht die Schale um, und sofort fallen die Steine wieder heraus. So brennt das innere Licht der Liebe – das Licht von *Aloha* – wieder hell, sanft und strahlend wie zuvor.

Wenn unser Leben schwer wird, das Herz traurig und der Blick düster, so ist es vielleicht an der Zeit, unsere Schale zu leeren und das Herz von den schweren Steinen der Vergangenheit zu befreien. Ho'oponopono kann uns dabei helfen – allein oder noch sichtbarer und wirkungsvoller zusammen mit dem Familienstellen. Zwei Dinge können nicht zur selben Zeit am selben Ort sein und denselben Raum einnehmen, und so sagte mir unsere Lehrerin von der *Mission Aloha*[15], Haleaka Iolani Pule: »Wir müssen uns entscheiden: Für das Leben oder gegen das Leben – für die Liebe oder gegen die Liebe.«

---

15 *Mission Aloha* ist eine Organisation, die es sich zur Aufgabe gemacht hat, den *Aloha*-Spirit auf der Welt bekannt zu machen.

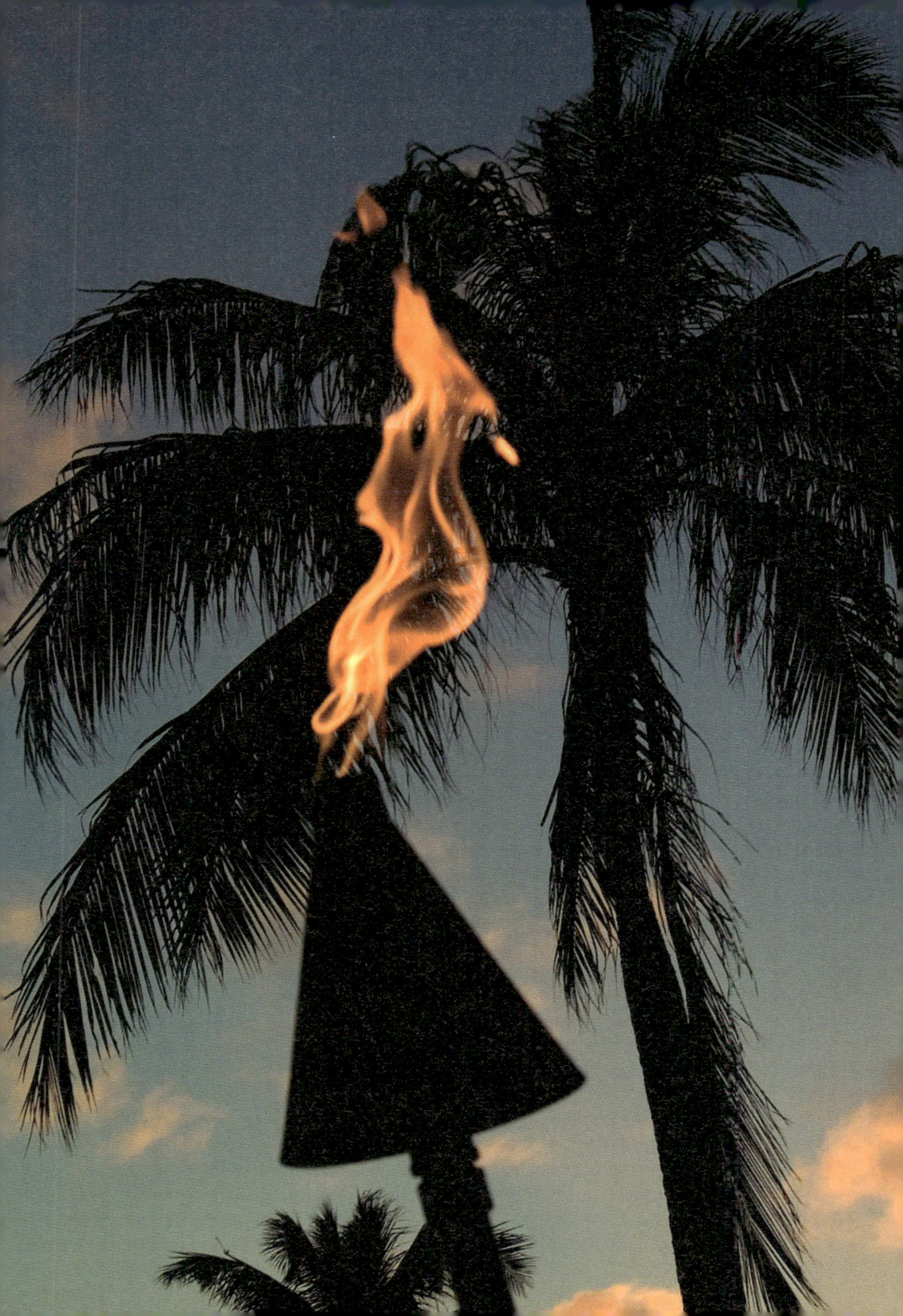

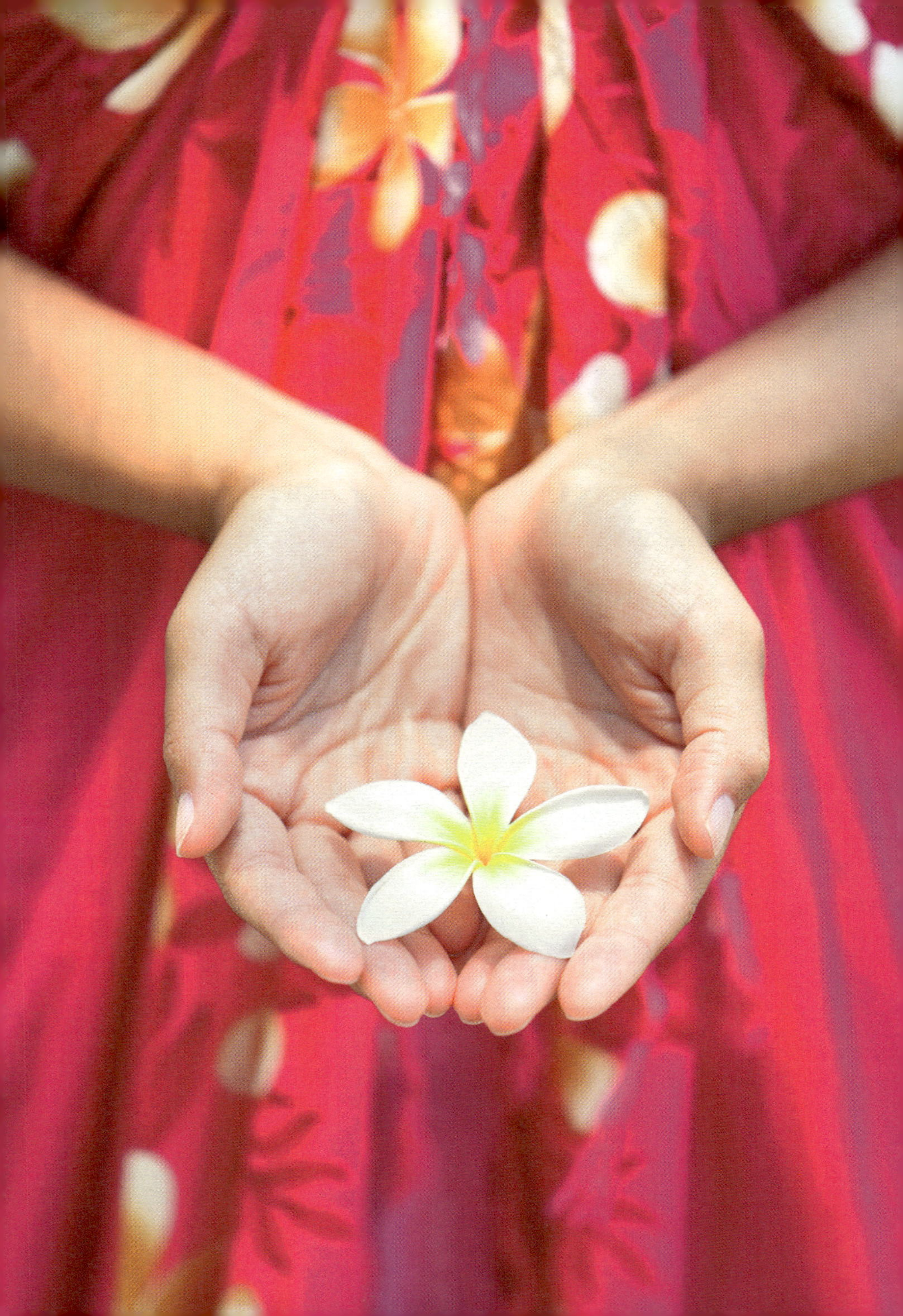

Verbinden und lösen – Familienstellen und Ho'oponopono

Der Frieden beginnt mit mir

Die uns bereits bekannte hawaiianische Autorin Mary Kawena Pukui nennt zwei Zutaten für ein erfolgreiches Ho'oponopono: Ehrlichkeit und Verantwortung. In dem hawaiianischen Vergebungsritual wird der eigene Anteil am Problem untersucht. Wenn es in Ihrer Familie z. B. jemanden gibt, der ausgeschlossen wird, drogenabhängig oder chronisch krank ist, können Sie sich fragen, was Sie getan oder unterlassen haben, wodurch sich diese Person nun in dieser Lage befindet. Fragen Sie sich: »Was habe ich getan, sodass ... (nennen Sie hier den Verwandtschaftsgrad und den Namen der jeweiligen Person) diesen Weg gewählt hat?« Seien Sie sich dabei immer bewusst, dass Sie keine Schuld tragen, sondern nur ein Mitspieler sind. Wenn Sie dann in einer Familienaufstellung (entweder gemeinsam in einer Gruppe oder allein mit Bodenankern) diesem Verwandten gegenüberstehen, können Sie z. B. sagen: »Es tut mir leid, dass ich ... (nennen Sie hier Ihren Anteil) getan habe. Bitte verzeihe mir. Ich verzeihe mir mein destruktives Handeln jetzt selbst. Ich liebe dich. Danke für die Heilung.«

In einem traditionellen Ho'oponopono kamen zum gegebenen Anlass sowohl die Opfer- als auch die Täterfamilie zusammen, und man fragte sich, wie es zu dem jeweiligen Geschehen kommen konnte. Jeder fragte sich dabei: »Was habe ich getan bzw. nicht getan, sodass X zum Täter wurde? Was habe ich getan bzw. nicht getan, sodass Y zum Opfer wurde?« Dann wurden die Rollen getauscht, d. h., die Opferfamilie nahm die Rolle der Täterfamilie ein und umgekehrt. Die konkreten Fragen, die sich alle Beteiligten stellten, lauteten: »Wenn ich mich so verhalten würde wie

X (der Täter), warum würde ich das tun? Welche Programme sind in mir, durch die ich mit diesem Thema konfrontiert wurde?«

Weil wir häufig für unser eigenes Verhalten und Wirken blind sind, erhalten wir während eines Ho'oponopono wertvolle Erkenntnisse. Als Beispiel denken Sie bitte an einen Täter-Opfer-Rollenwechsel bei der Mediation und bei Schlichtungsversuchen bei Tarifverhandlungen. Systemaufstellungen zusammen mit Ho'oponopono sind hier sehr hilfreich, um aus dem Verständnis für alle Beteiligten heraus ein Optimum zu kreieren und Synergien zu schaffen.

Huna und die schamanischen Lehren Hawaiis

Ho'oponopono gehört zu Huna, den alten schamanischen Lehren Hawaiis. Ähnlich wie die Engländer die unterschiedlichen philosophischen und religiösen Strömungen jenseits des Indus mit dem Begriff »Hinduismus« zusammengefasst haben, fasste der amerikanische Sprachforscher Max Freedom Long (1890–1971) das umfangreiche System der Weisheitslehren der alten Hawaiianer mit dem Wort »Huna« zusammen. Huna bedeutet Wissen und Weisheit. Wenn Sie z. B. ein Geschäft aufbauen wollen, reicht theoretisches Wissen allein nicht aus. Sie müssen auch Ihre Erfahrungen, also Ihre Weisheit nutzen, um dann tätig zu werden und z. B. durch Ho'oponopono gute Kundenbeziehungen aufzubauen. Wenn Sie Kinder erziehen, ist es von Vorteil, sich mit guten Büchern über die Entwicklung der Kinderpsyche zu informieren, um dann weise und mit Bedacht zu handeln. Huna ist also ganz praktisch auf unsere Zeit anwendbar. In diesem System der *Kahunas*, der Fachleute des Huna, finden sich sieben Lebensweisheiten, die Sie durch entsprechende Übungen in das Familienstellen integrieren können. Diese sieben Konzepte zur inneren und äußeren Harmonie heißen *Ike* (Sichtweise), *Kala* (Freiheit), *Makia* (Fokus), *Mana* (Energie), *Manawa* (Zeitpunkt), *Aloha* (Liebe) und *Pono* (Flexibilität).

Ike – Sichtweise: Die Welt ist subjektiv

Den Umstand, dass jeder Mensch seine ganz persönliche Sicht von sich und der Welt hat, nennt man im Huna *Ike*. Sie unterliegt u. a. dem persönlichen Blickwinkel, der körperlichen und psychischen Verfassung, dem sozialen und kulturellen Hintergrund, der Bildung und den Absichten eines Menschen.

Jede Art der Betrachtung ist immer subjektiv. Eine der entscheidenden Erkenntnisse der Quantenphysik ist, dass das Bewusstsein (haw. *Noo Noo*) des Beobachters auf die Quantenwolke[16] der Möglichkeiten Einfluss nimmt und durch seine Betrachtung Realität schafft. Die Meinung, die jemand über sich selbst und die Welt hat, wird zur Realität. *Ike* bedeutet, dass Sie das sind, was Sie über sich selbst denken. Sind Sie ein Selbst-Denker? Nehmen Sie sich Zeit, zu schauen, oder lassen Sie Ihre Meinung von anderen bilden?

*Sich über die Welt aufzuregen ist sinnlos.
Es beeindruckt die Welt nicht.*

Marcus Aurelius (121–180)

---

16 In der Quantenphysik bezeichnet man die kleinsten Bauteile von Materie und Energie als Quanten. Versucht man, diese Quanten zu beobachten, so stellt man fest, dass sie nicht mehr an eindeutig definierte Positionen gebunden sind, sondern sich wie in einer Art Wolke aufzulösen scheinen. So entstehen unendlich viele Möglichkeiten, wo sich etwas befinden oder ereignen kann.

Übung

Eine Übung mit Bodenankern

Beschriften Sie vier Bodenanker mit den Worten (1) Ich, (2) Familie, (3) Welt und (4) neutraler Beobachter. Legen Sie diese für sich stimmig aus, und spüren Sie abwechselnd in alle vier Begriffe (Subsysteme) hinein. Welches Bild haben Sie über sich selbst? Was denken Sie über sich und Ihre Familie? Ist Ihre Familie ein Ort der Sicherheit, oder halten Sie Familienfeiern für bedrohlich? Wie sehen Sie die Welt? Wie werden Sie von der Welt und Ihrer Familie wahrgenommen? Gehören Sie dazu, oder fühlen Sie sich nicht wertgeschätzt? Wie empfindet der neutrale Beobachter die Situation? Untersuchen Sie Ihre Beziehungen und die Bilder, die Sie von sich und Ihrem Umfeld gemacht haben, und notieren Sie alles mit Datum in Ihrem Arbeitsbuch. So können Sie Ihre Fortschritte verfolgen, wenn Sie die Übung in zeitlichen Abständen (circa alle drei Monate) wiederholen.

Jeder Mensch hat eine Meinung: So, wie er aufgrund seiner Erinnerungen (seiner mentalen Daten) meint, dass die Welt gewoben sei, so wirkt sie auch auf ihn. Diese Wirkung ist seine Wirklichkeit, und erst alle Wirklichkeiten zusammen ergeben die Realität (altägypt.: *Re Al* = durchdrungen vom kosmischen Bewusstsein). Das willentliche Bemühen, das Verhalten der anderen Menschen zu verstehen, ist der erste Schritt zur Heilung und zur Versöhnung. Sich selbst und die Welt zu verstehen, ist der erklärte Weg und das Ziel aller Philosophen, Mystiker und Wissenschaftler. Ja, selbst auf dem diplomatischen Parkett versucht man, einander zu verstehen, um dadurch gute Beziehungen zu pflegen. Gute Beziehungen zu haben, bedeutet, einander zu verstehen, und dies erreicht man, indem man miteinander spricht.

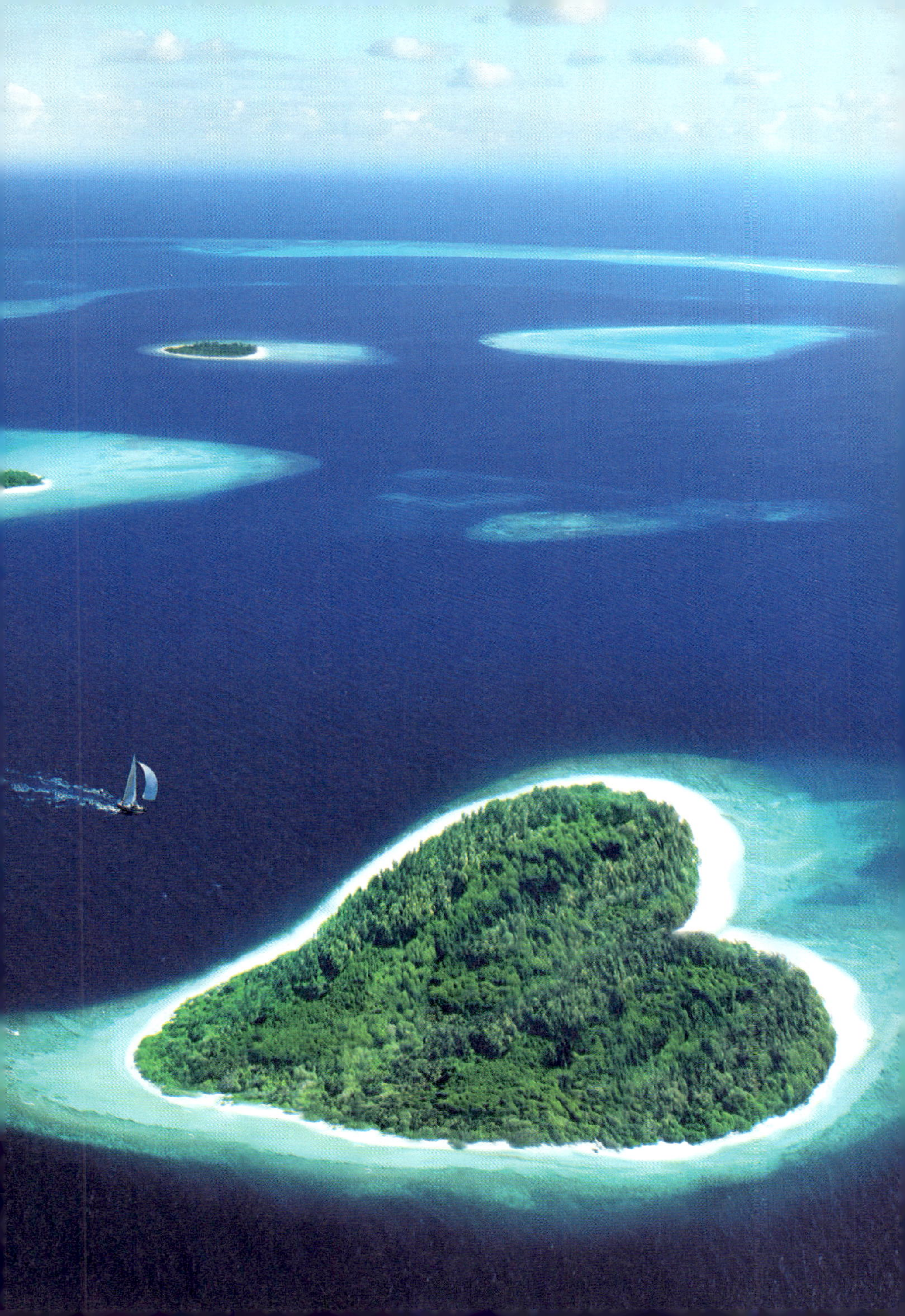

Übung

Eine Übung zum Thema Ablehnung

Visualisieren Sie eine Person, die Sie wegen ihrer Ansichten ablehnen. Stellen Sie sich vor, wie diese in einem für Sie angenehmen Abstand vor Ihnen steht. Verneigen Sie sich in Gedanken, und sagen Sie: »Es tut mir leid, dass ich dich wegen deiner Meinung verurteilt habe. Bitte verzeihe mir. Ich verzeihe mir das jetzt selbst. Ich respektiere dich, und ich danke für die Erkenntnis. Ich danke für die Heilung von allen Beteiligten.«

Makia – Fokus: Die Energie folgt der Aufmerksamkeit

Makia beschreibt das psychologische Phänomen, dass die Dinge in unserer Welt an Bedeutung gewinnen, sobald wir unsere Aufmerksamkeit auf sie richten. Sicherlich hatten Sie auch schon einmal etwas am Verhalten eines anderen auszusetzen. Nehmen wir an, jemand, mit dem Sie zusammenleben (z. B. Ihr Partner oder Ihr Mitbewohner), bringt den Müll nicht nach draußen. Mit der Zeit beginnt es, Sie immer mehr zu stören. Dies zieht all Ihre Aufmerksamkeit auf sich und kostet Sie Ihre Energie – und anstatt darüber zu sprechen, reagieren Sie mit Angriff oder Rückzug. Doch dieses geistige Prinzip können Sie nutzen, um Ihr Leben in jede gewünschte Richtung zu lenken. Wenn Sie Ihre Beziehungen zu anderen verbessern wollen, dann konzentrieren Sie sich auf das, was Sie schätzen und loben können. Antworten Sie, anstatt nach dem Motto »Angriff oder Flucht« nur zu reagieren. Nebenbei gilt es als psychologisch erwiesen, dass sich Menschen entsprechend unserer Erwartungen verhalten. Von einer amerikanischen Lehrerin erfuhr ich von Versuchen, bei denen man Lehrer vor bestimmten Schülern warnte. Obwohl diese Schüler im vergangenen Jahr noch gute Beurteilungen bekommen hatten, schnitten sie jetzt in der Wertung der Lehrer schlechter ab. Bitte beobachten Sie nun in Ihrem Alltag, wie sich Ihre Meinung über Menschen ändert und wie Sie von fremden Aussagen, Vorurteilen und Erwartungen, die an Sie gestellt werden, geradezu vorgeprägt werden.

Mögliche Lösungssätze in einem vereinfachten Ho'oponopono mit Familienstellen:
Es tut mir leid, dass ich bisher nicht versucht habe, deinen Standpunkt zu verstehen.
Es tut mir leid, dass ich dir nicht erlauben wollte, eine eigene Meinung zu haben.
Bitte verzeihe mir meine Ablehnung. In Wahrheit habe ich mich selbst abgelehnt.
Bitte verzeihe mir meine Angst.
Weil ich hier bin und du dort, dachte ich, wir seien getrennt.
Bitte verzeihe mir meine Selbstkritik, die ich auf dich projiziert habe.
Ich verzeihe mir, dass ich mir keine eigene Meinung erlaubt habe.
Ich vergebe mir, dass ich mich in der Vergangenheit selbst abgelehnt habe.
Ich vergebe mir, dass ich das Programm meines Stammes übernommen habe.
Ich verzeihe dir deinen Anteil am Problem.
Ich übernehme Verantwortung für meinen Anteil am Problem.
Ich respektiere dich.
Ich versöhne mich mit dir.
Ich versöhne mich mit mir selbst.
Das Göttliche in mir grüßt das Göttliche in dir.
Danke für die Erkenntnis. Danke für die Heilung aller Beteiligten.

Kala – Freiheit: Es gibt keine Grenzen, sondern nur Möglichkeiten

> Freiheit durch Vergebung
> Freiheit der Gedanken
> Freiheit durch Handeln

Grundsätzlich haben Sie die Freiheit, Ihr Leben so zu gestalten, wie Sie es sich wünschen. Sollten Sie Ihren Eltern z. B. etwas nachtragen, was vor zwanzig, dreißig oder vierzig Jahren passiert ist, so möchte ich Sie bitten, diese mentalen und emotionalen Bremsen loszulassen. Nur Sie können das tun – wer sonst? Vergebung macht eine Tat nicht ungeschehen, doch es befreit von mentalen und körperlichen Toxinen, die die Zellen vorzeitig altern lassen. Wer sich in Wut oder Groll an die Geschehnisse der Vergangenheit erinnert, übersieht mit seinem Tunnelblick die Schönheit, die allgegenwärtig ist.

Sicher, im Leben scheint nicht immer nur die Sonne, doch wie reif jemand ist, zeigt sich daran, wie lange er wütend ist. Menschen, die nicht loslassen können, treten geradezu auf der Stelle. Sie stecken in Ihrer Vergangenheit fest und fürchten die Zukunft – und weil sie von ihrem Groll nicht lassen können, verletzen sie häufig sich und andere. Erfolgreiche Menschen hingegen vergeben schnell, konzentrieren sich auf die Lösung und wenden sich der Zukunft zu.

Das Gros all unserer Lebensumstände ist das Ergebnis unserer Gedanken. Wir denken, treffen Entscheidungen und handeln. Alles, was wir tun, und alles, was wir nicht tun, trägt in unserem Leben Früchte. Wir haben die Freiheit, Sport zu treiben oder nicht. Wir haben die Freiheit, dem Bienensterben zuzusehen oder nicht. Wenn wir uns nicht um unsere Gesundheit kümmern, werden wir krank, und wenn wir unsere Partnerschaft für selbstverständlich halten, wird sie darunter leiden. Wie oft möchten wir etwas in unseren vielfältigen Beziehungen ändern, doch es fehlen uns der Mut, die Entschlossenheit, das Durchhaltevermögen und die Willenskraft (haw.: *Mana Mana*)? Dann fehlt es uns an Energie, an *Mana*.

Mögliche Lösungssätze in einem vereinfachten Ho'oponopono mit Familienstellen:
Es tut mir leid, dass ich dich so lang festgehalten habe.
Bitte verzeihe mir.
Ich verzeihe mir selbst, dass ich mich so lang selbst blockiert habe.
Ich lasse los und danke für die für uns beste Lösung.
Danke für die Heilung.

Mana – Energie: Einer für alle und alle für einen

Wie jedes hawaiianische Wort hat auch *Mana* mehrere Bedeutungen. Je nach Zusammenhang kann es »Energie«, »Fähigkeit«, »persönliche Kraft« oder »starke Persönlichkeit« bedeuten. Die Idee hinter *Mana* ist, dass wir uns jener spirituellen Kraft in unserem Inneren bewusst werden, die sich in uns als Stärke, Fähigkeit und Autorität offenbart. Diese Quelle (haw.: *Kumu*) der Kraft zeigt sich in Ihren Talenten und in Ihrer Weisheit. *Mana* heißt Energie, und wenn Sie Ihre Begabungen leben, gute Beziehungen pflegen, zu sich stehen, Ihre Familie so annehmen, wie sie ist, dann haben Sie Energie. *Mana* kann erzeugt, übertragen, vererbt und auch wieder zurückgeholt werden.

Hierin liegt das Geheimnis des vierten Gebots verborgen, das als einziges ein Heilsversprechen beinhaltet. In jenem Moment, da wir unsere Eltern annehmen, kann die Energie der Ahnen zu uns fließen.

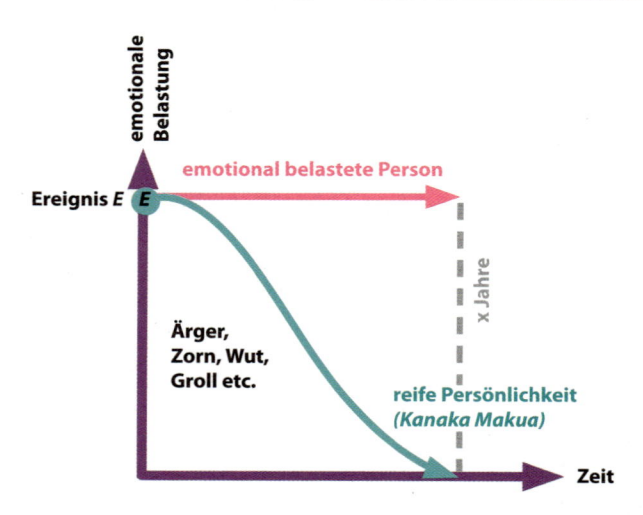

Diagram: Achsen "emotionale Belastung" (y) und "Zeit" (x). Ereignis E am oberen Punkt. Pfeil horizontal: "emotional belastete Person". Kurve fällt ab: "Ärger, Zorn, Wut, Groll etc." zu "reife Persönlichkeit (Kanaka Makua)". Gestrichelte Linie: "x Jahre".

Mögliche Lösungssätze in einem vereinfachten Ho'oponopono mit Familienstellen:

Es tut mir leid, dass ich deine Segnungen/deine Fähigkeiten nicht gesehen habe.

Es tut mir leid, dass ich meine Begabungen in der Vergangenheit gering geschätzt habe.

Es tut mir leid, dass ich meine Eltern (meinen Vater/meine Mutter) in der Vergangenheit abgelehnt habe.

Es tut mir leid, dass ich so lange auf die negativen Seiten meiner Eltern (meines Vaters/meiner Mutter) geschaut habe.

Es tut mir leid, dass ich den Segen in unserer Begegnung nicht sehen wollte.

Könnt ihr mir vergeben? Kannst du mir vergeben?

Ich vergebe mir jetzt selbst bedingungslos.

Ich liebe und respektiere alle gemachten Erfahrungen mit meinen Eltern und entlasse sie jetzt aus der Täterrolle.

Ich liebe und respektiere alle gemachten Erfahrungen mit meinen Eltern und entlasse mich selbst jetzt aus der Opferrolle.

Ich habe mir meine Eltern ausgesucht und meine Eltern haben mich ausgesucht, damit wir etwas heilen.

Ich entscheide mich jetzt für die Heilung.

Übung

*Eine Übung, um die Eltern zu würdigen
und so in die eigene Kraft zu kommen*

Schreiben Sie in Ihr Arbeitsbuch eine Liste mit all Ihren Begabungen, Talenten und Fähigkeiten. Schreiben Sie alles auf, was Sie gut können, und alles, was Sie gern machen. Erforschen Sie sich. Ziehen Sie bereits morgens beim Frühstücken Ihr Arbeitsbuch hervor, und schreiben Sie immer wieder neue lobenswerte Eigenschaften auf. Bitte notieren Sie dabei selbst so banale Dinge wie »Ich kann hervorragend Tee kochen«. Sie werden daraus eine enorm positive Energie entwickeln.

Schreiben Sie dann eine Liste mit all den Begabungen, Talenten und Fähigkeiten Ihrer Mutter und Ihres Vaters. Dies ist eventuell eine kleine Herausforderung. Wenn Sie auf ein sehr destruktives Verhalten eines Ihrer Elternteile stoßen, dann sehen Sie einmal willentlich darüber hinweg, und suchen Sie nach dem Licht in der Dunkelheit. Gute Beziehungen und Glück sind kein Zufall, sondern das Ergebnis von bewussten Bemühungen. Menschen, die sich mit Ho'oponopono beschäftigen, sind wie Goldsucher: Gold entdeckt man im Schlamm, in der Erde und im Dreck, doch man wühlt des Goldes wegen – und nicht, um Schmutz zu finden.

Manawa – Zeitpunkt: Mit voller Kraft voraus

Wenn Sie Menschen fragen, wann der beste Zeitpunkt zum Handeln wäre, z. B., um ein wichtiges Telefonat zu führen, jemanden um Verzeihung zu bitten, mit einer schlechten Angewohnheit aufzuhören oder dem Leben eine entscheidende Wende zu geben, so wird Ihnen nahezu jeder freudig sagen, und zwar so, als hätte er gerade eine Eingebung: »Jetzt, jetzt ist der beste Zeitpunkt.« Fragen Sie aber morgen dieselben Menschen, ob sie schon angefangen hätten, so schütteln fast alle den Kopf. Auch ich habe aus eigener bitterer Erfahrung lernen müssen, dass der beste Moment, das Wichtige zu tun, nicht heute ist, sondern bereits gestern war. Ja, gestern war der beste Moment, aber heute ist es auch noch möglich, denn morgen wird das Heute gestern sein. Der einzige Moment der Kraft ist jetzt – das bedeutet *Manawa*. Nur jetzt können Sie handeln, und das Jetzt ist immer, denn es gibt keinen anderen Zeitpunkt, den Sie bewusst erfahren: Die Vergangenheit ist vorbei, und die Zukunft wird Ihnen immer ein Stück voraus sein – die Zeit fließt wie ein Fluss dahin. Wir wollen deshalb in der nächsten Übung etwas schwimmen gehen, im Fluss der Zeit gefährliche Steine (haw.: *Ala nou ana*) heben und damit die Gegenwart und Zukunft zum Besseren verändern.

Mögliche Lösungssätze in einem vereinfachten Ho'oponopono mit Familienstellen:
Ich entscheide mich jetzt für Heilung aller Beteiligter im Hier und Jetzt.
Ich lasse die Vergangenheit los und bin frei.
Was war, spielt keine Rolle mehr.
Ich übernehme Verantwortung für mein Leben und kreiere meine Zukunft.
Ich integriere jetzt alle Anteile – auch das, was ich in mir noch ablehne – und entscheide mich für die Heilung.
Auch, wenn es noch Aspekte in mir gibt, die ich ablehne, liebe ich mich so, wie ich bin.
Meine Vergangenheit hat mich hierher gebracht, und ich entscheide, wie es weitergeht. Ich danke mir selbst.
Ich versöhne mich mit mir selbst und mit meinen Eltern.
Ich danke meinen Eltern.

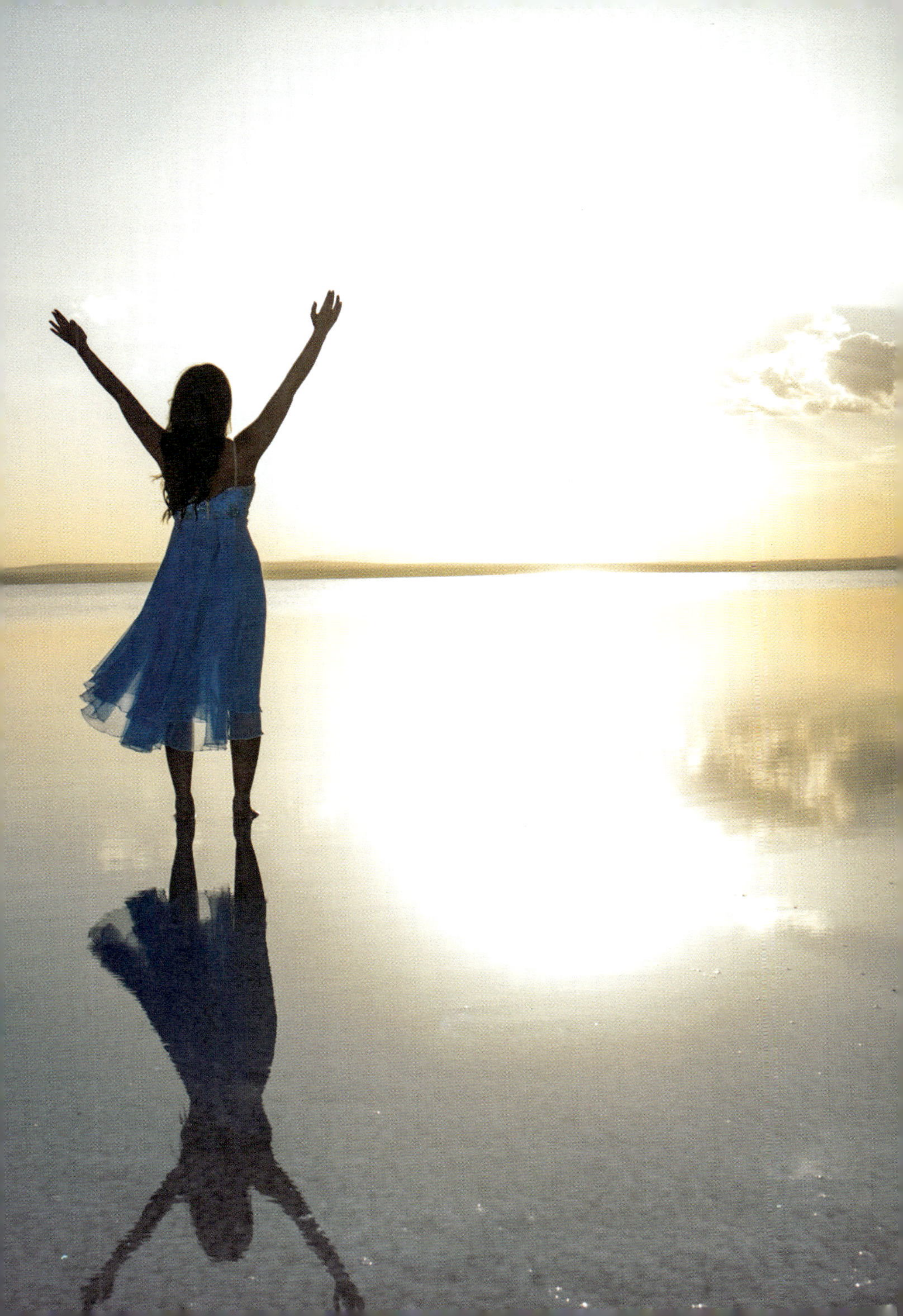

Übung

Eine Übung im Fluss der Zeit

Beschriften Sie drei Blätter mit (1) Vergangenheit, (2) Jetzt und (3) Zukunft. Legen Sie diese drei Blätter als Bodenanker so im Raum aus, dass es für Sie emotional stimmig ist. Notieren Sie sich bitte in dieser Übung wieder all Ihre Gedanken in Ihrem Arbeitsbuch, denn Sie werden außerordentlich wertvolle Informationen für Ihren Weg erhalten.

Stellen Sie sich auf das Jetzt, in die Gegenwart, und spüren Sie in diesen Moment hinein. Was ist in diesem Augenblick alles enthalten? Um das zu beschreiben, was Sie fühlen, nutzen Sie die hilfreichen Listen im Anhang. Blicken Sie nun auf die Vergangenheit. Was fühlen Sie? Was empfinden Sie angesichts Ihrer Vergangenheit? Blicken Sie anschließend auf Ihre Zukunft, und fragen Sie sich, was das in Ihnen auslöst. Stellen Sie sich danach nacheinander zunächst in die Vergangenheit und dann in die Zukunft, und schauen Sie jeweils in die verschiedenen Richtungen. Lassen Sie sich Zeit, und nehmen Sie all die Gefühle wahr, die in Ihnen hochkommen. Wie fühlt sich Ihre Zukunft an, wenn Ihnen bewusst wird, dass Sie von dort aus nur zurückschauen können? Was löst das in Ihnen aus? Wie fühlen Sie sich, wenn Sie aus der Vergangenheit heraus nur nach vorn schauen können? Was möchte die Vergangenheit der Gegenwart und der Zukunft sagen? Was möchte die Zukunft der Vergangenheit und der Gegenwart sagen? Was sagt das Kind dem Erwachsenen, und was sagt der körperlich gealterte Mensch Ihrem heutigen Ich? Was sehen Sie?

Stellen Sie sich nun wieder in die Gegenwart, und machen Sie sich bewusst, dass Sie von hier in beide Richtungen schauen können. Was möchten Sie jetzt der Vergangenheit sagen und was der Zukunft? Verwenden Sie dabei die vier Sätze des vereinfachten Ho'oponopono als Lösungssätze: »Es tut mir leid. Bitte verzeihe mir. Ich liebe dich. Danke.« Wenn es für Sie stimmig ist, fügen Sie noch hinzu: »Ich segne dich von ganzem Herzen.«

Das Leben gibt uns das, worauf wir uns konzentrieren, und wir haben die Beziehungen, auf die wir uns einlassen. Das sind die geistigen Prinzipien von *Ike, Makia, Kala, Mana*. Wenn wir immer nur das tun und das denken, was wir schon immer getan und gedacht haben, bekommen wir auch weiterhin nur das, was wir bisher erhalten haben. Und um das zu ändern, müssen wir anders denken und anders handeln. Wir säen neue Ursachen. Ich stelle Ihnen nun folgende Kraftfrage, die Sie bitte beantworten. Dafür dürfen Sie sich auch einige Tage Zeit nehmen: Wenn Sie sich für etwas schuldig fühlen oder etwas bedauern und in einem Jahr diese Übung wiederholen würden – was müssten Sie tun, um zu wissen, dass Sie das Beste getan haben, um sich weder etwas vorwerfen noch etwas bedauern oder sich selbst bemitleiden zu müssen? Kreieren Sie nach und nach ein Lösungsbild in Ihrem Leben, in dem sich die Gegenwart bewusst von den schmerzhaften Erfahrungen der Vergangenheit löst. Nachdem die Vergangenheit um Vergebung gebeten und die Gegenwart der Vergangenheit diese Vergebung gewährt hat, bittet auch die Gegenwart um Vergebung, z. B.: »Es tut mir leid, dass ich dich so lange festgehalten habe. Es tut mir leid, dass ich nur deine negativen Aspekte gesehen habe. Es tut mir leid, dass ich deine Geschenke nicht sehen konnte. Bitte verzeihe mir. Ich liebe dich. Danke.«

Bitten Sie in der Gegenwart um den Segen der Zukunft *(Kūkulu Kumuhana)*. Fragen Sie auch ganz direkt die Zukunft, was Sie in der Gegenwart tun können, um eine Lösung herbeizuführen. Stellen Sie sich dazu wieder in die Position der Zukunft. Das Lösungsbild ist schließlich ein freies, gestärktes Blicken vom Jetzt in alle Richtungen.

Aloha – Liebe: Glücklich sein mit dem, was ist

Im Huna gibt es eine Regel, die grundlegend für alles ist, sie lautet: »Nie verletzen, immer helfen.« Es ist die *Aloha*-Philosophie, die in jedem Lebewesen, ob Mensch, ob Tier, ob Pflanze, das Göttliche erkennt. Sie ist die Grundlage jeder Yoga-Praxis und die Essenz aller Religionen. Alles kommt aus der Urquelle, und die göttliche Präsenz in einem Lebewesen abzulehnen, hieße, das Göttliche selbst zu schmähen. In diesem Sinne meinte Jesus, dass man die Sünde hassen sollte und nicht den Täter. In unserer Zeit machen wir es allerdings oft umgekehrt: Wir hassen die Menschen, weil sie uns beleidigen, uns im Wege stehen oder nicht nett zu uns sind. Doch bitte erlauben Sie mir diese Frage: Verhalten wir uns möglicherweise nicht ähnlich, genauso oder gar schlimmer, wenn wir die Erde ausbeuten, Ureinwohner vertreiben, ihre Traditionen als minderwertig abwerten und den Tod an Tieren mit dem Erhalt unseres Lebensstandards rechtfertigen?

Die Urquelle, der Regen, die Sonne und die Liebe haben keine egogeprägten Absichten. Die Urquelle urteilt nicht, sondern verteilt ihre Liebe *(Mana Aloha)* an alle. Diesen spirituellen Ursprung sämtlicher Lebewesen und damit die Gleichwertigkeit und Einheit all dieser Lebewesen zu erkennen, ist Wissen, Weisheit und eine besondere Form von Demut. Demut bedeutet nicht, unterwürfig zu sein, sondern, sich nicht hochmütig über andere zu stellen. Sie bewahrt einen Menschen davor, neidisch oder gierig zu sein und seine Mitmenschen zu verurteilen.

Alo bedeutet »zusammen sein«, »etwas miteinander teilen« und »spirituelle Essenz«. *O* ist das Ganze. Es ist das *O* in der großen *Ohana*. *Oha* heißt »Freude und Zuneigung« und *Ha* ist der Atem. *Aloha* bedeutet also (1) das Teilen der gleichen spirituellen Essenz mit allen Lebewesen, (2) das Erkennen des eigenen Ursprungs in der göttlichen, spirituellen Essenz, (3) das Gefühl und das Handeln (!) in der Verbundenheit mit allen anderen Lebewesen, mit der göttlichen Schöpfung und mit dem göttlichen Ursprung (haw.: *Ke Akua oi'a'io*). Diese Liebe zeigt sich im Grad der Zufriedenheit mit dem Leben im Hier und Jetzt, also darin, dass man glücklich ist mit dem, was gerade ist – und dass man das tut, was gerade zu tun ist.

Pono – Flexibilität: Die Wirksamkeit ist das Maß der Wahrheit

Es gibt kein Allheilmittel für alle, denn genauso unterschiedlich, wie wir sind, so unterschiedlich sind die Methoden wie z. B. die der Allopathie, der traditionellen chinesischen Medizin, des Ayurveda oder der Homöopathie. Speziell um das Seelische kümmern sich weit über hundert verschiedene Therapieformen, sodass für jeden etwas dabei ist. Das, was gerade hilft, ist richtig. Es gilt, flexibel zu sein und (1) verantwortungsbewusst verschiedene Experten zurate zu ziehen, um sich schließlich (2) selbstbewusst zu entscheiden. Wer sich allerdings nicht entscheiden kann, darf sich nicht wundern, wenn es andere für ihn tun.

Das Ziel einer Beziehung könnte lauten, dass sowohl jeder für sich die eigenen Bedürfnisse befriedigt als auch alle gemeinsam die Bedürfnisse aller befriedigen und gleichzeitig dem Wohl des Ganzen dienen. Man nennt das »in einer co-engagierten Beziehung leben«. In einer co-engagierten Beziehung gewinnen alle am System Beteiligten, während umgekehrt in einer co-abhängigen Beziehung alle Beteiligten verlieren.[17] In einer Co-Abhängigkeit haben die Partner unbewusst einen unsichtbaren Vertrag geschlossen, die schlechten Gewohnheiten des jeweils anderen zu tolerieren. Jeder zieht dabei aber nur scheinbar einen Gewinn aus dem Umstand, sich nicht verändern zu müssen – denn sich nicht zu verändern, bedeutet, nicht zu wachsen.

---

17 Siehe Win-win-Beziehung bzw. Win-lose-Beziehung auf S. 72.

Pono, Flexibilität, scheint vor allem etwas für charakterstarke Menschen zu sein, denn der charakterschwache wird von seinen destruktiven Gewohnheiten getrieben wie z. B. zu klagen, wütend zu werden, beleidigt zu sein, andere emotional zu erpressen oder bestrafen zu wollen oder nicht nachgeben zu können. Charakterstarke Menschen sehen hingegen das Wohl des anderen und suchen das Gemeinsame. *Pono* bedeutet auch, den Widerstand gegen die Meinung *(Ike)* von Mitmenschen aufzugeben und diese zu akzeptieren und anzuerkennen. Wenn Sie schon einmal versucht haben, Ihren Partner zu verändern, so kennen Sie dieses hoffnungslose Unterfangen. Aus diesem Grund versuchen weise Menschen, ein stilles Vorbild zu sein, und nähern sich demütig jenem Ideal, das sie selbst gern wären. Man versucht, die Lücke zu schließen zwischen dem, was man ist, und dem, was man sein kann.

Fallbeispiel

Beate, 42 und kinderlos, ist mit einem Alkoholiker verheiratet. Sie beginnt, sich zu fragen, wie lange sie noch hoffen und sich an die Illusion klammern kann, dass ihr Partner eines Tages mit dem Trinken aufhören wird. Als Kind wurde sie von ihrem alkoholkranken Vater geschlagen, weswegen sie nicht versteht, was sie an dieser Ehe festhalten lässt. Welchen Gewinn zieht sie aus dieser Situation? Sie bittet um eine Beratung.

Wir beginnen mit einer Ho'oponopono-Runde. Wir sitzen zusammen mit Beate und circa zwanzig anderen Personen im Kreis und lauschen mit dem Herzen den Anteilen der Gruppe, um Klarheit zu finden. Nach einer gemeinsamen Einstimmung (Pule), *untersuchen wir das Problem* (Mahiki), *indem alle Beteiligten nach ihren Anteilen* (Hihia) *am Problem suchen. Diesen Anteil lösen wir dann sofort im wechselseitigen Vergeben* (Mihi) *auf und entlassen das gesamte negative Potenzial* (Kala).

Es werden folgende Fragen in die Runde gestellt:

(1) »Wenn ich mich so verhalten würde wie Beate, warum würde ich das tun?« Anmerkung: Die Aufgabe lautet nicht (!), Beate zu interpretieren und nach Beates Motiven zu suchen, wie man es so gern tut, um die eigene Unzulänglichkeit zu rechtfertigen. Nein, die Aufgabe lautet, nach den eigenen Schatten zu forschen, z. B.: »Gibt es Bereiche in meinem Leben, in welchen ich mich ähnlich verhalte? Woran halte ich fest, obwohl es mir schadet? Wo gehe ich Kompromisse ein, die mir schaden? Wovor fürchte ich mich? Welche Zweifel hindern mich, meinen Weg zu gehen?«

(2) »Aus welchem Grund kommt dieses Thema gerade zu mir?« Mit anderen Worten: »Warum kommt das Thema Alkoholismus und die Unfähigkeit, sich zu trennen, zu mir als Seminarteilnehmer? Gibt es in Beates Thema eine direkte Botschaft für mich?«

Übung

Eine kleine Übung

Bitte geben Sie selbstständig mindestens drei Antworten zu jeder der beiden oben gestellten Fragen. Notieren Sie diese in Ihrem Arbeitsbuch, und sagen Sie dann mit dem Blick auf Ihre Antworten: »Es tut mir leid. Bitte verzeihe mir. Ich verzeihe mir jetzt selbst. Ich liebe mich, und ich liebe dich. Danke für die Heilung.«

Ohana – die äußere Familie

Wie jedes hawaiianische Wort hat *Ohana* viele Bedeutungen, die mit der Natur zusammenhängen. Diese spiegeln die Einheit des Ganzen und die Einheit der Natur wider. *Ohana* heißt z. B. »mehrere Pflanzen mit einer gemeinsamen Wurzel«. *Ohana* ist die Sippe oder der Clan, dessen Mitglieder alle eine gemeinsame Wurzel in den gemeinsamen Vorfahren, den Ahnen haben. Wurde der Begriff früher streng auf die Familie angewandt, so gilt heute auch ein Verein oder eine Firma als *Ohana*. Es ist eine Art Stamm, der sich durch seine sogenannte Mikrokultur, also durch die gemeinsamen Ziele, die Sprache (beispielsweise Fachsprachen, Jugendsprachen, Dialekte), die Kleidung (beispielsweise eine Uniform, ein Businessanzug oder spezielle Sportbekleidung) und das Verhalten, von anderen unterscheidet.

O ist das Symbol für das Ganze, die Erde, die Verbundenheit und die Quelle. *Hana* bedeutet »Werk«, »Arbeit«, »Aufgabe«. *Ha* ist der ausströmende Atem. *Na* ist eine Nachsilbe, durch die Substantive entstehen. Die Mitglieder einer *Ohana* sind demzufolge diejenigen, die (1) im Kreis sitzen und (2) gemeinsam atmen, die (3) eine gemeinsame Aufgabe zum Wohle des Ganzen haben und (4) verbunden sind mit der Quelle. Eine *Ohana* ist ein typisches System, in dem sich alle Mitglieder am Gemeinschaftsleben wie z. B. an der Erziehung oder dem Lebensunterhalt beteiligen.

Wie ein Wald die Zeiten überdauert

Die Bäume im Redwood Forest, einem Nationalpark in Kalifornien, wachsen sehr hoch. Voller Kraft, geradezu majestätisch, stehen sie dort seit vielen Jahrzehnten oder gar Jahrhunderten zusammen und haben gemeinsam schon viele Stürme und Orkane erlebt. Ja, diese Bäume haben gewaltige Schneestürme und vernichtende Erdbeben überdauert –

und das, obwohl doch ihre Wurzeln nur wenige Meter tief reichen. Was ist ihr Geheimnis? Worin liegt ihre besondere Kraft begründet, sogar Erdbeben unbeeindruckt zu überstehen? Die Ursache ihres gemeinsamen Überlebens beruht, so die Wildhüter, auf ihrer Verbundenheit – auf dem schier unendlichen Netzwerk ihrer Wurzeln. Jeder Baum ist – verborgen für das Auge des Spaziergängers – unterirdisch mit allen Artgenossen seiner Umgebung verwoben. Ob Baum-Riese oder Baum-Baby, jeder Einzelne wird von seiner Umgebung gehalten. Geradezu liebevoll bieten die Älteren den Jüngeren ihre Wurzelarme an, die diese dankend ergreifen und sich mit ihnen verschlingen. Jeder Baum, ob groß oder klein, ist mit dem ganzen Wald verbunden und verwurzelt.

Die Ahnen *(Aumakua)*

In der *Ohana* ist niemand allein, sondern horizontal mit allen lebenden Mitgliedern und vertikal mit einer weit in die Vergangenheit reichenden Ahnenreihe verbunden. Jedes Mitglied der *Ohana* empfindet sich über seine Ahnen mit der Urquelle verbunden – und darauf weist der Begriff *Aumakua* hin, der sowohl »Stammesgottheit« als auch »Vorfahren« bedeutet. Das Gleiche gilt auch für eine Familienaufstellung. Der Klient in einer Aufstellung ist kein isoliertes Wesen, sondern sitzt vor der Gruppe und neben dem Therapeuten quasi imaginär mit seinen Eltern und Ahnen zusammen.

Unser Aussehen haben wir über die Gene von unseren Ahnen geerbt, während wir all das Immaterielle, Verhalten, Überzeugungen und Programme, durch Nachahmen von unserem Eltern übernommen haben. Unser Streben danach, uns weiterzuentwickeln, als Menschen zu veredeln und der urteilsfreien Liebe näher zu kommen, geschieht mittels Schwierigkeiten. Und so haben wir uns unsere Eltern ausgesucht, weil wir nur in dieser Konstellation die neuen Aufgaben meistern können. Aus dieser Perspektive kommen wir nicht von unseren Eltern, sondern durch unsere Eltern. Sie sind die Vertreter des Lebens und haben sich zur Verfügung gestellt, jene Bühne aufzubauen und uns jene Erfahrungen zu präsentieren, die in unserer Entwicklung und in dieser Inkarnation gerade anstehen. Manche sehen darin eine Reifeprozess. Ähnlich wie in der Schule erhalten junge Seelen kleine Aufgaben und reifere Seelen schwierigere Aufgaben.

Übung

Eine Übung zum Ursprung der Ahnenreihe

Setzen Sie sich entspannt hin, atmen Sie ruhig, und fragen Sie sich, wie weit Ihre weibliche oder männliche Ahnenreihe zurückreicht. Wo war ihr Anfang? Meditieren Sie darüber, und gehen Sie gedanklich weit zurück. Vergegenwärtigen Sie sich bitte, dass Ihre Ahnenreihe bis zur Urquelle zurückreicht. Eine solche Anbindung durch Raum und Zeit gibt Kraft und Stabilität. Wenn Sie an Ihren Eltern etwas auszusetzen haben, schauen Sie immer weiter zurück. Spüren Sie in die Kraft, die von Ihren kosmischen Eltern zu Ihnen fließt, sobald Sie sich für diese öffnen. Meditieren Sie über diese Verbundenheit zu Ihren Ahnen, die Sie segnen.

Durch Vergebung die Beziehung zu den Eltern heilen

Therapeuten rund um den Erdball fassen das Thema, an dem fünfundneunzig Prozent ihrer Klientel leidet, in zwei Worten zusammen: die Eltern. In den Generationen, die hinter uns liegen, lief sicherlich einiges schief, doch all das hat nur jene Bedeutung, die wir ihm zukommen lassen *(Ike, Makia, Kala, Pono)*. Wenn jemand große Verletzungen in sich trägt, ist es wahrscheinlich, dass diese Verletzungen weitergegeben werden – und das gilt es zu vergeben. Mag es im klassischen Familienstellen bisweilen Bedenken dazu geben, so können im Ho'oponopono sehr wohl die Kinder ihren Eltern und die Eltern ihren Kindern frei und aus dem Herzen heraus vergeben. Weder stellt sich dabei der eine über den anderen noch erniedrigt sich jemand selbst oder wird erniedrigt. Es gibt keine Manipulation, denn sämtliche niederen Beweggründe sind dem hawaiianischen Vergebungsritual fremd. Man vergibt, weil man Frieden und einen unbelasteten Neuanfang finden will. Manchmal mag der Schmerz tief sitzen, doch dann kann man kleine Schritte wagen und sagen: »Ich öffne mich für die Möglichkeit, dir zu vergeben.«

Die fünf Affen

Die Stanford University ist berühmt für ihre Forschungen im Bereich der Verhaltenspsychologie. Folgendes Experiment ist besonders aufschlussreich:

Im ersten Teil werden fünf Affen in einen circa zwanzig Quadratmeter großen Versuchsraum gelassen. Dort steht eine Leiter, mit der man ein paar leckere Bananen erreichen kann. Sobald einer der Affen nun auf die Leiter klettert, um die Bananen zu holen, werden die anderen vier, untenstehenden Affen von den Verhaltensforschern mit einem Gartenschlauch nass gespritzt. Dieses Prozedere wird mehrmals mit denselben Affen wiederholt, d. h., jedes Mal, wenn einer der fünf Affen versucht, sich die Bananen zu holen, werden die anderen nass gespritzt. Irgendwann haben die Affen genug davon, und sobald nur einer der *Ohana* versucht, auf die (Karriere-)Leiter zu klettern, wird er von den anderen vier heruntergezogen und verprügelt.

Im zweiten Teil des Versuchs wird jetzt einer dieser fünf Affen ausgetauscht. Der neue Affe sieht und riecht natürlich sofort die Bananen. Doch sobald dieser ahnungslose Tropf auf die Leiter klettert, wird er von den anderen heruntergezogen und verprügelt, weil diese befürchten, nass gespritzt zu werden. »Hurra«, denken sich die vier, »wir bleiben trocken«, während der entsetzte Fünfte denkt: »Was sind das für komische Affen?« Jetzt wird ein zweiter Affe ausgetauscht. Der neue Affe will ebenfalls auf die Leiter. Schnell wird er jedoch von den anderen heruntergezogen – und jetzt prügelt auch der erste ausgetauschte Affe fleißig mit. Wahrscheinlich fragt der zweite Affe die anderen, was denn in dieser *Ohana* los sei, doch diese antworten nur: »Bananen machen nass.« Nach und nach werden alle Affen durch andere ausgetauscht, sodass irgendwann kein Affe mehr je nass gespritzt wurde, doch jeder neue Affe wird verprügelt, sobald er sich eine Banane holen will. Keiner der Affen weiß, warum es gefährlich oder verboten ist, die Bananen von der Leiter zu holen – aber das ist nun einmal das Ahnenprogramm. Und ergeht es uns Menschen nicht ähnlich, wenn wir Glaubenssätze wie z. B. »Geld verdirbt den Charakter« in der Kindheit übernommen und sie auch als Erwachsener nie auf ihren Wahrheitsgehalt hin geprüft haben und uns immer noch nach ihnen richten?

Ahnenprogramme im Download

Wir erben unsere Ahnenprogramme in der Art und Weise, wie wir im wahrsten Sinne des Wortes Programme in einen Datenspeicher[18] downloaden. Der bereits erwähnte Stammzellenforscher und Entwicklungsbiologe Dr. Bruce Lipton nimmt an, dass wir diese Programme als pränatale Erfahrungen bereits im Embryostadium aufnehmen und sie bis ins Kindesalter geradezu wie ein Schwamm aufsaugen. Das liegt daran, dass die Gehirnwellen im Kindesalter vor allem im langsamen Theta-Bereich liegen, sodass wir nicht nur leicht mehrere Sprachen gleichzeitig lernen, sondern auch schnell

---

18 Siehe »*Unihipili* – Das untere Selbst, Unterbewusstsein und inneres Kind«, S. 121.

erfassen können, wie wir uns in unserem Clan verhalten und über andere denken sollen. Wären Sie in einer Familie der Massai aufgewachsen, hätten Sie andere Ahnenprogramme mit der Muttermilch aufgesogen als in einer Familie, die in Westeuropa lebt.

Werfen Sie einen Blick auf Ihr eigenes Leben: Was haben Sie, liebe Leserin und lieber Leser, in Ihrer Kindheit gehört bzw. wahrgenommen? Wie hat man in Ihrem Umfeld über die Nachbarn, das Geld und über sich selbst gesprochen? Wie haben sich all diese Allgemeinplätze auf Ihr Leben ausgewirkt? Haben Sie ähnliche körperliche Beschwerden wie eines Ihrer Elternteile? Was haben Sie für Gewohnheiten? Sind Sie Ihrem Vater oder Ihrer Mutter ähnlicher, als Ihnen lieb ist – und warum ist Ihnen das nicht lieb?

Um frei zu sein, ist es von Vorteil, dass Sie sich mit den Geschehnissen und dem Erbe Ihrer Vergangenheit auseinandersetzen. Stellen Sie sich vor, wie destruktive Ahnenprogramme, Muster und Überzeugungen wie Wassereimer in einer Löschkette weitergegeben werden – und es liegt nun an Ihnen, was Sie daraus machen. In klassischen Familienaufstellungen würden Sie unter Umständen diesen Wassereimer (um beim Bild zu bleiben) in einem Ritual zurückgeben und sprechen: »Ich ehre dein Schicksal, das gehört nicht zu mir. Bitte schaue milde auf mich, wenn ich es dir zurückgebe.« Im Ho'oponopono zusammen mit Familienstellen öffnen Sie eine Tür, indem Sie diesen Wassereimer annehmen. Sie akzeptieren und ehren das, was Sie von Ihren Ahnen erhalten haben, und überlegen im Hier und Jetzt, wie Sie das zu einem Vorteil transformieren können. Im Ho'oponopono fragen Sie nach dem Geschenk. Welche Segnung steckt im Verborgenen? Statt den Wassereimer zurückzugeben, könnten Sie das Wasser zum Blumengießen nutzen und später den Eimer als Blumenkübel verwenden. Viele Menschen nutzen gerade die Erlebnisse ihrer Kindheit, um später Menschen in ähnlichen Situationen zu helfen. Es liegt an Ihnen und Ihrer Fantasie, was Sie aus den Gaben des Lebens machen.

Fallbeispiel

Inge hatte einen sehr jähzornigen Vater, von dem sie dieses Verhalten übernommen hatte. In einer Familienaufstellung gab sie den Jähzorn zurück, doch nichts änderte sich.

In einem Ho'oponopono erkennt Inge, dass gerade im Jähzorn ihres Vaters nicht nur eine enorme Kraft, sondern geradezu ein Geschenk versteckt liegt. Jähzorn ist die Abwesenheit von Liebe. Diese explosive Form des Zorns liegt sozusagen auf der Schattenseite. Jähzorn ist die der Liebe abgewandte, dunkle Seite, die die Eigenschaften beinhaltet, sich abgrenzen, seine Meinung sagen, zu sich stehen oder sich durchsetzen zu können – positive Eigenschaften, die sich wohl jeder wünscht, doch Inge hatte nichts von diesen positiven Eigenschaften (Mana) geerbt.[19] Stattdessen wurde Inge wie ihr Vater nur laut und verletzte sich und andere.

In der Ahnenaufstellung mit Ho'oponopono nimmt Inge nun das verborgene Geschenk ihres Vaters, nämlich innere Stärke und gesundes Durchsetzungsvermögen, an und konzentriert sich fortan nur noch auf diese lichtvolle Seite. Die Lösungssätze nach der Verbeugung vor dem Stellvertreter von Inges Vater lauten: »Mein lieber Vater, es tut mir leid, dass ich dich abgelehnt habe. Es war dein Jähzorn, der mich verletzt hat. Ich erkenne: Du und dein Jähzorn seid voneinander verschieden. Bitte verzeihe mir. Ich akzeptiere dich jetzt und nehme deine Kraft, dein Durchsetzungsvermögen, deine Macht, dich abzugrenzen und zu dir zu stehen, an. Ich trete jetzt aus dem Schatten ins Licht. Ich liebe dich und danke dir von ganzem Herzen für dieses Erbe. Danke für die Heilung von allen Beteiligten im Hier und Jetzt.«

---

19 Mehr dazu im Kapitel »Die Eltern, die Älteren, die Weisen und die Lehrer«, S. 118.

Dem Schatten »Jähzorn« widmete Inge von da an bewusst keine Aufmerksamkeit mehr. Heute ist sie in ihrer Kraft und kann selbstbewusst ihren Weg gehen. Sie strahlt Autorität aus, ohne autoritär sein zu müssen.

Die Eltern annehmen und von ihnen angenommen werden

Möchten Sie von Ihren Eltern so akzeptiert werden, wie Sie sind? Bestimmt! Was halten Sie dann von der Win-win-Lösung, bei der Sie Ihre Eltern so annehmen, wie sie sind? Für viele Menschen mag dies eine echte Herausforderung sein, doch wir wissen bereits: Die Energie fließt dahin, wo die Aufmerksamkeit ist *(Makia)*. Wir können nur das empfangen, was wir selbst bereit sind zu geben.

Mögliche Lösungssätze des vereinfachten Ho'oponopono mit Familienstellen:

Es tut mir leid, dass ich euch nicht so annehmen konnte, wie ihr seid.
Es tut mir leid, dass ich trotzdem erwartet habe, dass ihr mich annehmt, wie ich bin.
Es tut mir leid, dass ich wütend auf euch war.
Es tut mir leid, dass ich wütend auf mich war.
Es tut mir leid, dass ich mich selbst abgelehnt habe.
Bitte verzeiht mir. Ich verzeihe mir jetzt.
Ich nehme euch jetzt an, so, wie ihr seid.
Ich liebe euch, und ich liebe mich.
Ich nehme mich selbst an, so, wie ich bin – mit all meinen Schwächen und all meinen Stärken.
Ich entlasse meine Eltern aus der Täterrolle.
Ich entlasse mich aus der Opferrolle.
Ich vergebe.
Ich akzeptiere die Lernaufgabe und versöhne mich mit dem Leben.
Danke für die Erkenntnis. Danke für die Heilung von allen Beteiligten.

Eine Familienkonferenz zur Geburt

Im Familienstellen geht es um das Wesentliche wie z. B. um unseren Vater, um unsere Mutter und unser Verhältnis zu ihnen. Wesentlich sind auch der Tod und die Geburt. Beides sind Tore in Bereiche, die man nicht nach Belieben besuchen kann. Es gibt das Reich der Lebenden, und es gibt das Reich der Vorangegangenen. Wir sind hier, und jene sind dort. Gleichzeitig entschließen sich Seelen immer wieder dazu, diese Welt zu besuchen. Die Geburt war deswegen bei den alten Hawaiianern ein besonderes Ereignis: Jemand hatte sich dazu entschieden, in der *Ohana* zu erscheinen, und seine oder ihre Ankunft wurde mit Freude und Achtsamkeit erwartet. Angeblich litten die hawaiianischen Frauen früher nicht unter schmerzhaften Wehen. Warum sollte Mutter Natur den Frauen Schmerzen geben, wenn sie ein Kind zur Welt bringen? Für die alten Hawaiianer war dies eine absurde Vorstellung. Mary Kawena Pukui beschrieb einen Fall, bei dem eine Frau mit dem Einsetzen der Wehen starke Schmerzen bekam. Dies konnte nur daran liegen, dass es zwischen den Familienmitgliedern noch Ungeklärtes *(Hala)* gab, also etwas nicht bereinigt war. Deshalb wollte diese Seele (haw.: *Kane* = Geist von Gottes Geist) nicht in ihrer Familie erscheinen. Es wurde sofort ein Ho'oponopono einberufen und ein Ho'omala, eine Reinigungszeremonie gemacht. Da nicht alle Familienmitglieder zugegen sein konnten, wurden Steine als Stellvertreter aufgestellt. Nachdem alle Vorbehalte zwischen den Familienmitgliedern und ihren Stellvertretern aus dem Weg geräumt worden waren, verlief die Geburt reibungslos. Auch hier hatte die Verbindung von Ho'oponopono und Familienstellen also für Heilung gesorgt.

Übung

Eine Übung zur Lösung von Themen, durch die andere Menschen mitbelastet sind (Hihia)

Legen Sie vier Bodenanker aus: (1) einen für sich, (2) einen für ein Familienmitglied, dem Sie etwas noch nicht verziehen haben und mit dem Sie deshalb uneins sind, (3) einen für das *Hihia*, also eine Person, die mit in das Geschehen hineingezogen wurde (im Fallbeispiel oben war dies das ungeborene Kind), und (4) einen für den neutralen Beobachter. Stellen Sie sich nacheinander auf die Bodenanker, und spüren Sie sich ein. Was fühlen Sie? Was fühlt Ihr Konfliktpartner? Wie fühlt sich die Person, die mit hineingezogen wurde? Was fühlt der neutrale Beobachter? Sprechen Sie dann von Ihrer Position aus ein Vergebungsritual *(Mihi)* in alle Richtungen: »Es tut mir leid, dass … (sagen Sie hier, was Ihnen leidtut). Bitte verzeihe mir. Ich liebe dich. Danke.« Wechseln Sie jetzt auf die Position jenes Menschen, mit dem Sie uneins waren. Wie hat sich seine Position verändert? Machen Sie nun das Vergebungsritual in umgekehrter Richtung, und lassen Sie ihn ein Vergebungsritual durchführen. Legen Sie anschließend die Bodenanker so um, dass sich die Situation einer Win-win-Lösung nähert und für alle Beteiligten gut anfühlt. Spüren Sie immer in alle Positionen hinein. Wiederholen Sie das wechselseitige Vergeben so lange, bis Sie ein Lösungsbild legen können, in dem sich alle von den negativen Erinnerungen erlöst fühlen.

Die Eltern, die Älteren, die Weisen und die Lehrer

Wer durch tiefen Schnee wandern muss, z. B. in Alaska oder Sibirien, tut gut daran, den Fußspuren vorangegangener Wanderer zu folgen. Allein und auf eigenen Pfaden würde man sonst schnell im hohen Schnee steckenbleiben. In der gleichen Weise wandern intelligente Menschen in den Fußspuren ihrer Lehrer und folgen der Fährte, die diese gelegt haben. Wer erfolgreich sein möchte, macht am besten das Gleiche, und zwar das, was andere erfolgreiche Menschen vor ihm getan haben. Wer z. B. ein hervorragender Koch werden will, lernt bei den besten Köchen, und wer ein guter Sänger sein möchte, nimmt bei erfolgreichen Sängern Unterricht. Nun gibt es im Westen die Unart, zwar von anderen zu lernen, doch an irgendeinem Punkt zu beginnen, seine Lehrer zu kritisieren. Man hat als Schüler etwas genommen, doch was man gibt, ist keine Dankbarkeit, sondern Spott für manche Schwäche.

In der östlichen Tradition wird es als »Dummheit« oder »Vergehen« bezeichnet, die Eltern, die Älteren, die Vorfahren oder seinen Lehrer zu beleidigen, da man sich damit selbst der positiven Ergebnisse all seiner guten Taten beraubt. In den alten Traditionen wandelt man in den Spuren seines Lehrers, und erst wenn es auf diesen Spuren nicht mehr weitergeht, geht man seinen eigenen Weg. Dann bittet man wie vor einer langen Wanderung um die Segnung, und mit diesen guten Wünschen in der ununterbrochenen Kette der vorangegangenen Lehrer (eine Kette wie eine Ahnenreihe) gelangt man zu weiterer Größe. In der östlichen Tradition zeigt man so trotz aller Meinungsverschiedenheiten immer Dankbarkeit und Respekt, denn man hat erkannt, dass man auf seinem Weg bisher nichts selbst herausfinden musste, sondern all sein Wissen durch die Barmherzigkeit seines Lehrers erhalten hat.

Ho'oponopono und Familienstellen

Der Segen und die Fähigkeiten, die ein Meister, ein Lehrer, die Älteren und die Eltern auf ihre Schüler und Kinder übertragen können, nennt man *Mana*. Hierin liegt eine große Verantwortung, denn der Lehrer muss seinen Schüler auf seine Aufrichtigkeit und der Schüler den Lehrer auf seine wahre Kompetenz hin prüfen. Die alten Hawaiianer haben kaum materielle Dinge vererbt – höchstens ein Kanu oder Kultgegenstände –, sondern vor allem *Mana*, also besondere Fähigkeiten und mentale Stärke. Dieses immaterielle Erbe ist weitaus mehr wert als bloße materielle Güter, denn materiellen Reichtum, liebe Leserin und lieber Leser, können Sie leicht verlieren, während Sie mit Ihrem Wissen und Ihren Fähigkeiten jederzeit Geld verdienen können. Wirtschaftswissenschaftler nennen dies *Earning Power* bzw. *Earning Ability*, die Kraft, Wissen und Fähigkeiten in bare Münze umzuwandeln. Im Segen der Vorangegangenen liegt das Geheimnis des vierten mosaischen Gebots, dass man Vater und Mutter ehren soll, damit es einem gut gehe und man lange lebe. Es ist das einzige der zehn Gebote mit einem sogenannten Heilversprechen.

Mögliche Lösungssätze des vereinfachten Ho'oponopono mit Familienstellen:

Es tut mir leid, dass ich dich nicht gesehen habe. Ich habe mich selbst nicht gesehen.
Kannst du mir verzeihen?
Ich ehre meine Eltern.
Ich versöhne mich.
Ich bin bereit, zu vergeben.
Ich entlasse alle Gedanken und jegliches Gefühl der Schuld.
Ich liebe dich, und ich ich segne dich von ganzem Herzen.
Ich danke meinen Eltern für das Geschenk.
Ich danke meinen Ahnen für das Geschenk.
Danke für die göttliche Erkenntnis, Weisheit und Gnade.

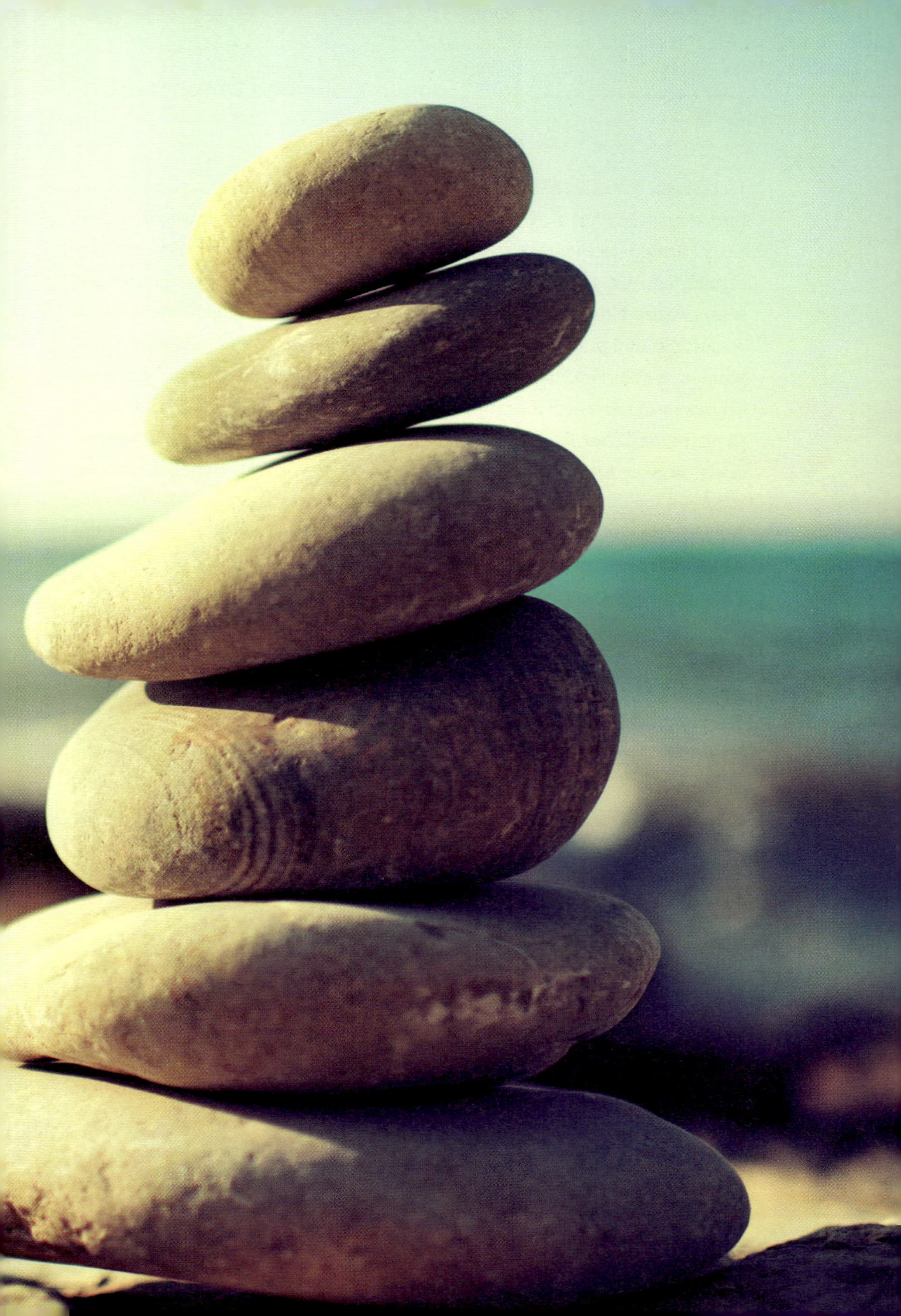

Die drei Selbste – die innere Familie

Die Psychologie von Huna kennt ein der westlichen Vorstellung ähnliches Modell von Unterbewusstsein, Wachbewusstsein und Überbewusstsein. Man nennt es die drei Selbste: das untere Selbst *(Unihipili)*, das mittlere Selbst *(Uhane)* und das höhere Selbst *(Aumakua)*. Diese Triade entspricht einer inneren Familie. Genau so, wie jemand gefestigt und glücklich seinen Weg gehen kann, wenn er ein gutes Verhältnis zu seinen Eltern hat, so ist jemand charakterlich und psychisch stabil, dessen innere Familie in Harmonie ist. Der Metaphysiker sagt dazu »so wie innen, so außen«.

Unihipili – das untere Selbst, Unterbewusstsein und inneres Kind

Unihipili ist das untere Selbst, das Unterbewusstsein. Es hat eine wesenhafte Steuerinstanz, die selbstständig arbeitet und keiner bewussten Kontrolle bedarf. Dieses Wesen nennt man im Huna das innere Kind. Das untere Selbst hat nach der Huna-Lehre drei Aufgaben, nämlich die Datenspeicherung (unpersönlicher Aspekt), die Datenbankverwaltung (persönlicher Aspekt) und die Regulierung der unbewussten Körperfunktionen. *Unihipili* speichert alle bewussten und unbewussten Erinnerungen sowie alle Ahnenerinnerungen in Form von genetischen Programmen und Zellerinnerungen. Es werden wie in einer riesigen Bibliothek sämtliche Erinnerungen aus diesem und aus früheren Leben, alle männlichen und weiblichen Ahnenprogramme, sämtliche Glaubenssätze, Beschlüsse und frühkindlichen Verletzungen fein säuberlich abgelegt und mit einem Etikett versehen: gut oder böse. Zusätzlich hat Ihr unteres Selbst Zugang zum morphogenetischen Feld und zum kollektiven Unterbewusstsein. Der Bibliothekar oder die Bibliothekarin ist das innere Kind.

Der Ausdruck *Unihipili* setzt sich aus drei Wurzelwörtern zusammen, die über die psychologischen Besonderheiten des Unterbewusstseins Aufschluss geben. *U* ist die Formel für die eigenständige Wesenheit: das innere Kind. Dieses steuert alle Körperfunktionen ohne unser bewusstes Hinzutun. Dieses Wesen ist Tag und Nacht aktiv, also ein perfekter Diener, doch gleichzeitig wild und nur schwer zu bändigen. Seine Kräfte sind immens, und hat man sein Vertrauen gewonnen, kann man nahezu alles erreichen.

Das Wurzelwort *Nihi* weist darauf hin, dass unser inneres Kind Angst vor Strafe hat und deshalb manchmal seinen Dienst verweigert. *Nihi* bedeutet auch »schwarzer Sack« und zeigt uns damit, wie tief Schuldgefühle, bestimmte Komplexe, deren Ursachen (unbewusste Erinnerungen), Muster und Ahnenprogramme versteckt werden können. All das geschieht natürlich in der Absicht, uns vor weiteren Schmerzen zu bewahren. Traumatische Erlebnisse gehen in den meisten aller Fälle mit starken Schuldgefühlen einher, und selbst Opfer von Gewalttaten sowie Kinder, die sexuell missbraucht wurden, fühlen sich oft mitschuldig. Leider sind es viele Menschen in unserem Kulturkreis gewohnt zu glauben, sie seien (1) seit ihrer Geburt an etwas mitschuldig und (2) jemand, der Schuld hat, verdiene Bestrafung: ein psychologischer Giftcocktail. Jeder Therapeut weiß, wie fatal es ist, den ganzen »schwarzen Sack« einfach auszuschütten und dann zu schauen, wie man den Trümmerhaufen wieder einsammelt. Stattdessen versucht man, behutsam das Vertrauen des inneren Kindes zu gewinnen und im geschützten Rahmen ein Thema anzugehen. Erst wenn man mit einem Thema erfolgreich *erfolgreich* war, wendet man sich einem weiteren Thema zu. Diese Technik entspricht dem *Mahiki*, dem Schälen einer Zwiebel.

Das Wurzelwort *Pili* heißt übersetzt »anhaften« oder »ankleben«. Wie ein kleines Kind, das an seiner Mutter klebt und stets lern- und wissbegierig ist, so haftet das untere Selbst an *Uhane*, dem mittleren Selbst. Alles, was das mittlere Selbst über sich und andere sagt oder denkt (der innere Dialog), gilt für das untere Selbst als Wahrheit. Ihr Bewusstsein verantwortet und entscheidet, welche Wahrheiten als Selbst- und als Weltbild in die Tiefen des Unterbewusstseins gelangen dürfen. Sie (das mittlere Selbst) bestimmen, mit welchen Etiketten die Erinnerungen beklebt werden. Das, woran Sie tief in Ihrem Herzen (im Unterbewusstsein) glauben, werden Sie auch erwarten und folglich vermehrt in Ihrer Umgebung wahrnehmen. Das ist eine ganz einfache neuronale Konditionierung, die in der Hirnforschung seit mehr als vierzig Jahren bekannt ist. Wer also schwarz-weiß denkt, hat nur eine einzige Möglichkeit, glücklich zu sein.

Uhane – das mittlere Selbst

Die Übersetzung von *Uhane* lautet »selbst sprechendes Wesen«. Wir sprechen mit und über uns und mit und über andere. Das Wort »Person« kommt vom lateinischen Wort *personare* und bedeutet »durchklingen«. Dies geht auf die antiken Schauspieler zurück, die sich (z. B. grimmige, lachende oder traurige) Masken vor das Gesicht hielten, und das, was dann sprachlich durchtönte, war zusammen mit der in Holz geformten Mimik die Person. Das besondere Merkmal einer Person ist ihre Art zu sprechen. Die Art und Weise, wie sie über andere spricht, verrät ihren Charakter und ihre spirituelle Reife – und genau das ist *Uhane* – ein Wesen, das sich durch Kommunikation »outet«.

Man sagt, am Anfang sei das Wort gewesen. Der Ursprung des Wortes »Wort« liegt in der Sanskritwurzel *Vrit* und bedeutet »mentaler Impuls« oder »Welle«. Wenn wir etwas sagen, ist es, als würden wir einen Stein in das Wasser unseres Lebens werfen, und jedes Wort ist dabei eine Welle aus Gedanken, die sich ausbreitet und das Ufer formt. So, wie Sie mit sich selbst sprechen, so wird sich Ihr Körper formen. So, wie Sie mit den Menschen sprechen, so werden sich Ihre Beziehungen formen – wir manifestieren uns durch Sprache: *Vrit*, die Welle, und jedes Wort haben deshalb einen Wert.

Übung

*Eine Übung, die Ihnen hilft,
Kontakt zu Ihrem inneren Kind aufzunehmen*

Spüren Sie in die folgenden Aussagen hinein:

Du bist schuld.
Meine Meinung ist die einzig richtige.
Ich weiß Bescheid.
Ich kenne dich.

Und nun aktivieren Sie mit den folgenden Aussagen die lichtvolle Seite Ihres inneren Kindes:

Du bist wertvoll.
Ich respektiere deine Meinung.
Ich danke dir für die gemeinsam gemachte Erfahrung.
Du hast meine Sichtweise erweitert.
Ich danke dir von ganzem Herzen.

So wie innen, so außen – von der inneren Familie zur äußeren Familie. Es ist unser innerer Dialog, der uns glücklich oder traurig macht und der unser Selbstbild formt. Diesen Dialog haben wir häufig von unseren Eltern übernommen: Das, was Ihre Eltern über sich selbst gedacht und was sie zu Ihnen gesagt haben, wurde mit großer Wahrscheinlichkeit zu Ihrer Wahrheit über sich selbst. Und in gleicher Weise nimmt das untere Selbst unser inneres Zwiegespräch als Wahrheit an: Das Bild, das Sie von sich selbst haben *(Ike)*, und das, worauf Sie sich gerade fokussieren *(Makia)*, wird Ihren inneren Dialog gestalten.

Uhane ist die bewusste Komponente Ihrer Persönlichkeit. Der Teil, der wissentlich und willentlich handelt. Sie sind derjenige, der für sich selbst die Verantwortung trägt. Als mittleres Selbst übernehmen Sie immer die Führung über Ihr unteres Selbst. In der Entwicklung Ihres Bewusstseins tragen Sie die Verantwortung, welche Wertung Sie den Ereignissen geben und welchen inneren Dialog Sie führen. Fühlen Sie sich unwohl (das innere Kind ist beunruhigt), so ist es die Aufgabe des mittleren Selbst, ein Ho'oponopono zu machen, sich zu entschuldigen und achtsam die Führung zu übernehmen.

Übung

Eine Übung zur eigenen Berufung bzw. zum Lebenstraum

Legen Sie sechs Bodenanker aus, die Sie wie folgt beschriften: (1) meine Berufung, (2) meine Fähigkeiten, (3) das höhere Selbst, (4) Ich, (5) das untere Selbst und (6) die Welt. Der Fokus liegt in dieser Aufstellung bzw. Konferenz auf der Berufung (1). Legen Sie alle anderen Systemelemente zu diesem Bodenanker in Beziehung, und spüren Sie nacheinander in alle Stellvertreterpositionen hinein. Machen Sie dann ein Ho'oponopono von Ihrer Ich-Position (4) aus, z. B.: »Es tut mir leid, dass ich dir (1) so wenig Beachtung geschenkt habe. Bitte verzeihe mir. Ich liebe dich. Danke.« Oder »Es tut mir leid, dass ich euch (2) so wenig gepflegt habe. Bitte verzeiht mir. Ich liebe euch. Danke.« Entwickeln Sie ein Lösungsbild. Wo und wie stehen die drei Selbste, Ihre innere Familie, zueinander? Wo befinden sich Ihre Fähigkeiten, Ihre Berufung und die Welt?

Aumakua – das höhere Selbst

Das höhere Selbst ist gleichsam ein Botschafter der Urquelle, ein Beobachter, ein wohlwollender Begleiter und ein Freund. Das höhere Selbst nennt man auch das Überbewusstsein, die Überseele und die kosmische Intelligenz. Es ist die Quelle der Inspiration. *Aumakua*, das höhere Selbst, verwaltet unseren kosmischen Plan – sie ist eine latente Bestimmung, eine Art Verpflichtung und Verantwortung dem Ganzen gegenüber (sans.: *Dharma*) als Berufung, die jedem Lebewesen innewohnt.

Übung

Eine Übung zur inneren Familie

Schreiben Sie auf drei Blätter (1) *Uhane* (Ich), (2) *Unihipili* (Inneres Kind), (3) *Aumakua* (Überbewusstsein). Legen Sie diese Blätter nun als Bodenanker aus. Stellen Sie sich auf jedes Blatt, und spüren Sie in jeden Aspekt Ihrer Persönlichkeit hinein. Fragen Sie sich dabei:

(1) Wie fühlt sich mein unteres Selbst?
(2) Wie fühle ich mich als mittleres Selbst?
(3) Wie fühlt sich mein höheres Selbst?

Notieren Sie jeweils Ihre Antworten in Ihrem Notizbuch.

Vergebung als Schlüssel

Das größte Ziel aller Menschen ist ein Zustand des Glücks und des inneren Friedens. Die größten Hindernisse auf dem Weg zum Glück sind Groll, negative Erinnerungen und das Gefühl der eigenen Wertlosigkeit. Umfragen der Stanford University haben gezeigt, dass viele Menschen meinen, Schuld am eigenen Unglück seien die Umstände, die Politik, die Institutionen, das Weltgeschehen oder die Mitmenschen. Dadurch haben sie einen Täter, den sie dafür verantwortlich machen können, nicht glücklich zu sein. Wir halten von einem bestimmten Menschen wenig, doch erwarten wir von diesem, dass er sich ändert, damit wir wieder glücklich sind. Nun, da können wir häufig lange warten ...

Glücklich zu sein ist ein Lebensgefühl, das weniger von äußeren Umständen, sondern vielmehr von inneren Qualitäten bestimmt wird. Es ist eine Charaktereigenschaft – und um sich charakterlich zu einer reifen Persönlichkeit zu entwickeln, muss man lernen, sich von den negativen Einflüssen der Vergangenheit zu lösen. Nur so kann man kraftvoll und voller Glück im Hier und Jetzt leben. Um erfolgreich glücklich zu sein, muss man lernen zu vergeben. Charakterlich und sozial reife Menschen sind in der Lage, für ihr eigenes Leben Verantwortung zu übernehmen und zu vergeben. Menschen hingegen, die mit Wut, Trauer und Selbstvorwürfen an vergangenen Ereignissen hängen, gleichen jenen, die mit ihrem Auto einen Berg hinabfahren und dabei nicht nach vorn, sondern nur in den Rückspiegel schauen. Wer nur zurückschaut, sieht nicht, was vor ihm liegt.

In unserem Leben, vor allem in unserer Kindheit, geschehen manchmal Dinge, die eine tiefe Wunde hinterlassen – doch das Leben möchte heilen. Das Prinzip des Lebens ist Heilung, Annehmen, Versöhnung, Liebe und Vergebung. Wenn Sie sich in den Finger schneiden, wird das Leben all Ihre Selbstheilungskräfte aktivieren, um die Wunde zu schließen.

Wunden heilen, solange man sie nicht wieder aufkratzt. Ihre negativen Erinnerungen reiben jedoch an den Wunden, weswegen es am besten ist, diese negativen Erinnerungen zu transformieren und sich auf seine wahren Ziele zu konzentrieren. Fragen Sie sich, was Sie in Zukunft fühlen und erleben möchten.

Als Eltern und als Kinder muss man vergeben können – sei es in der Schule, im Geschäftsleben oder in der Partnerschaft. Um im Leben erfolgreich zu sein und um das Leben zu lieben, muss man lernen zu vergeben – und das gilt auch für die Liebe. Ja, wäre die Liebe ein Kuchen, so enthielte sie folgende Zutaten: (1) die Fähigkeit, über die kleinen Fehler und Fehltritte, die niemandem schaden, hinwegzusehen, und (2) die Fähigkeit, anderen immer nur Gutes zu wünschen.

Im Leben gilt es, dreimal zu vergeben: (1) den Eltern, (2) allen anderen und schließlich (3) sich selbst. Vergebung, gerade die Selbstvergebung, ist nicht einfach, doch jeder kann sie lernen. Stellen Sie sich vor, wie viel Frieden es in den Menschen und so in der Welt gäbe, wenn sich Menschen selbst und anderen vergeben würden. Vergebung ist ein Schlüssel. Sie ist wie ein Autoschlüssel, den man herumdreht und so das Auto startet. Dadurch gelangen Sie zu charakterlicher Reife und kommen schneller auf Ihrer persönlichen Entwicklung voran. Und vielleicht ist Vergebung sogar der Schlüssel für den internationalen Frieden.

Niemand stirbt an einem Schlangenbiss,
sondern am Gift.

Sprichwort aus Indien

Zwei Mönche

Einst wanderten zwei Mönche vom Orden der Shaolin[20] in die weit entfernten Berge. Sie wollten der Welt vollkommen entsagen, nur noch meditieren und auch das Kämpfen unterlassen. So lebten sie vier Winter und drei Sommer in der Zurückgezogenheit einer Höhle. Im vierten Sommer vernahmen sie in ihren Herzen den Wunsch, sich wieder der Welt zuzuwenden, und so brachen sie auf und wanderten ins Tal hinab. Auf ihrem Weg begegneten sie zwei Räubern. Die beiden Räuber verneigten sich, denn sie erkannten an der Kleidung die Mönche aus dem gefürchteten Shaolin-Kloster. »Ihr habt nichts zu befürchten. Wir haben der Kampfkunst entsagt«, sprachen die beiden Mönche freundlich. Kurz entschlossen zückten die Räuber ihre Schwerter und erschlugen die Mönche.

Die Geschichte der beiden Mönche zeigt, dass Vergeben nicht heißt, alles stillschweigend hinzunehmen, denn manchmal müssen wir jemanden mit allen uns zur Verfügung stehenden Rechtsmitteln stoppen. Vergebung zielt einzig darauf, uns vom energetischen Band (haw.: *Aka*), das uns an den Täter und die Tat bindet, zu lösen. Statt blind vor Hass zu sein, nehmen wir dadurch wieder die vielen schönen Dinge im eigenen Leben wahr. Im Ho'oponopono gehen wir davon aus, dass alles im Leben eine Botschaft hat und dass Hindernisse nicht nur Stolpersteine, sondern auch Sprungbretter sein können. Es geht darum, die Aufmerksamkeit auf das Ziel *(Kūkulu Kumuhana)* zu lenken und es so zu machen wie alle erfolgreichen Menschen: Schauen wir auf die Lösung, und fragen wir uns, was wir aus dieser Situation gelernt und gewonnen haben. Sagen wir aus dem liebenden Herzen heraus »Danke«, und bewegen wir uns damit augenblicklich vom Mangel in die Fülle.

---

20 Der Orden der Shaolin ist ein buddhistischer Mönchsorden in China. Das Ursprungskloster des Ordens liegt am Berg Songshan im Ort Dengfeng und ist berühmt für seinen Kampfkunststil *(Shaolin Kung Fu)*.

Übung

Eine Übung mit Bodenankern zur Vergebung

Sie brauchen nun drei Bodenanker. Schreiben Sie auf ein Blatt (1) den Namen einer Person, der Sie noch nicht vergeben haben, auf ein anderes Blatt (2) Ihren eigenen Namen und auf das dritte Blatt (3) neutraler Beobachter. Legen Sie alle drei Blätter auf den Boden, sodass es für Sie stimmig ist. Stellen Sie sich nun abwechselnd auf die Blätter, und spüren Sie in sich hinein. Wie fühlen Sie sich, und wie unterschiedlich sehen Sie die Welt *(Ike)*? Worauf konzentrieren Sie sich *(Makia)*? Welches Maß an Freiheit besitzen Sie *(Kala)*? Kommen Sie wieder in Ihre Kraft *(Mana)*, und machen Sie jetzt *(Manawa)* ein einfaches Vergebungsritual *(Aloha)*: »Es tut mir leid, dass ich dich als Feind gesehen habe. Ich bin auch ein Feind. Bitte verzeihe mir. Ich liebe dich. Danke für die Heilung von allen Beteiligten. Danke für die Transformation. Danke für das Wunder.« Stellen Sie sich nun nacheinander auf alle drei Bodenanker, und spüren Sie nach. Wie sieht der neutrale Beobachter das Vergebungsritual?

Das Handeln nach einem neuen Rezept

Allein durch unsere kulturelle abendländische Prägung liegen viele Menschen seit frühester Kindheit in mentalen Ketten und tragen große Schuldgefühle in sich. Hinzu kommen die Schuldgefühle für all das, was sie gemacht haben, und all das, was sie zu tun versäumt haben.

Ich frage Sie: Wenn wir uns in einem Jahr wieder sprechen würden, wie müssten Sie in diesem Jahr leben, um nichts zu bereuen? Wie müssten Sie sich verhalten, um frei zu sein und nicht mehr Ihr eigener größter Richter und Henker zu sein?

Übung

Eine Übung zur Selbstliebe

Stellen Sie sich bitte vor einen Spiegel, machen Sie eine 1:1-Familienaufstellung mit sich selbst, und sprechen Sie: »Ich liebe dich … (sagen Sie Ihren eigenen Namen) von ganzem Herzen.« Wiederholen Sie diesen Satz mehrmals, und lächeln Sie. Lächeln Sie dreißig Sekunden lang, denn so lange dauert es, bis jede Zelle Ihres Körpers einen Endorphinschub erhalten hat.

Installieren Sie ein neues Leben

Durch Vergebung kann man die Vergangenheit hinter sich lassen und neu durchstarten. Dies ist so, als würde man die Festplatte eines Computers neu formatieren oder ein neues Betriebssystem installieren. Die alten Daten sind dann auf einem Backup in der Akasha-Chronik[21] und haben keinen Einfluss mehr auf das Leben. Ho'oponopono ist eine mächtige innere Reinigung, mit der Sie sich von diesen alten Daten, Erinnerungen und einschränkenden Glaubenssätzen befreien können. Wenn Sie ein falsches Programm geladen haben oder die Festplatte zu voll ist, müssen Sie ein neues Programm starten und alte Daten löschen. Dies ist wie bei einem Taschenrechner, bei dem Sie, wollen Sie eine neue Rechnung eingeben, erst auf C drücken und die Ziffern der letzten Rechnung löschen müssen. Stellen Sie sich dafür vor, Sie seien ein Computer. Ihr Körper oder Ihr Gehirn ist die Hardware, und Ihre Art zu denken die Software. Stellen Sie sich nun vor, wie Ihre gesamten Erinnerungen – die bewussten

---

21 Die Akasha-Chronik ist eine Art feinstoffliches »Buch des Lebens«, in dem alle Ereignisse des menschlichen Lebens festgehalten sind – alles, was sich ereignet hat, was gerade geschieht und was zukünftig noch passieren wird.

und die unbewussten – wie Daten auf der Festplatte eines Computers gespeichert sind. Ihre destruktiven Gedanken, Erinnerungen, Vorurteile und Wunden der Vergangenheit wirken wie Viren und Trojaner. Sie verlangsamen Ihr System, führen zu falschen Ergebnissen und sorgen für Systemabstürze. In *Pule*, der Verbindung, wird das Anti-Virenprogramm gestartet. In *Mahiki,* der Diskussionsphase, werden daraufhin alle Viren und Trojaner identifiziert, durch *Mihi,* dem Entschulden, Verzeihen und Vergeben, kommen die Störprogramme in Quarantäne, und jetzt, mit dem Befehl *Kala* bzw. Danke, löscht das oberste Betriebssystem, die Göttliche Urquelle in Ihnen, alle Viren und Trojaner von Ihrer Festplatte.[22] Was bleibt, ist ein Protokoll in Form Ihrer reinen Erfahrungen, und diese Erfahrungen tun jetzt nicht mehr weh, da Sie nur noch das sehen, was Sie gelernt haben, und das, was Sie so vor größerem Leid bewahrt hat.

---

22 Siehe »Die vier Stufen der Familienkonferenz in Kurzfassung«, S. 77–78.

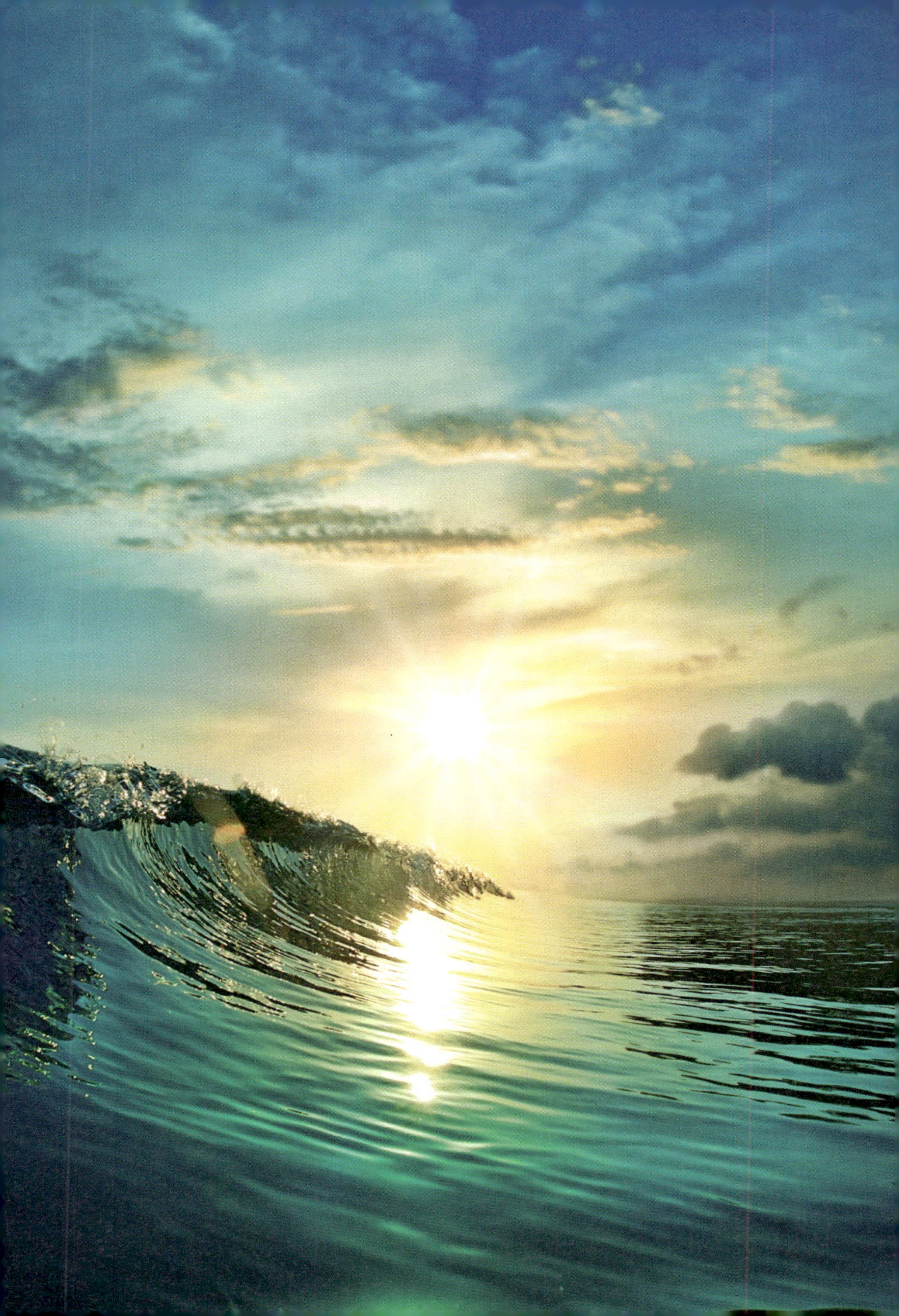

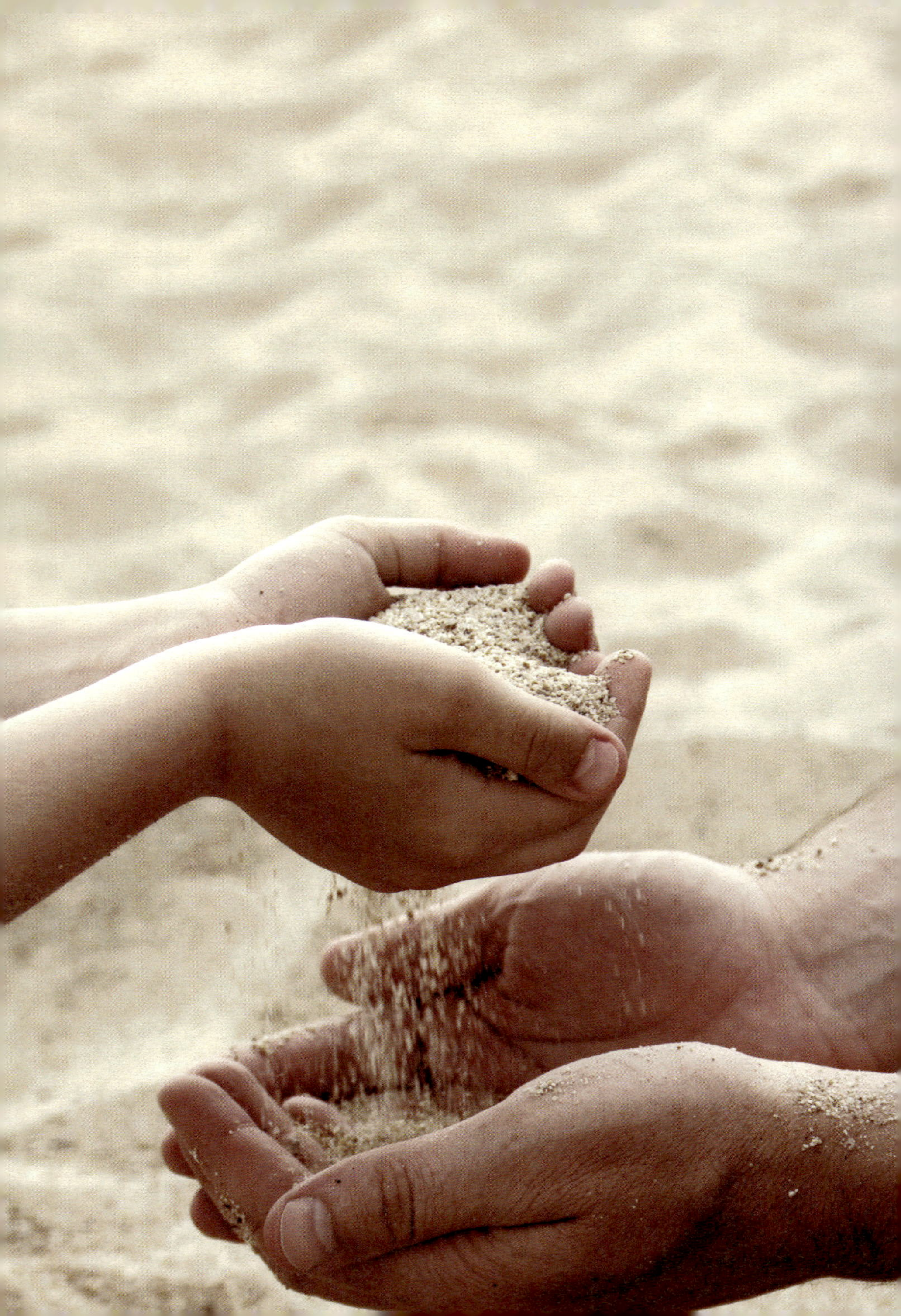

Ho'oponopono und Familienstellen

Ein Beispiel

Zum Abschluss möchte ich Ihnen ein Beispiel mit auf den Weg geben, das noch einmal veranschaulicht, wie wir auf der Bühne des Lebens die Rollen wechseln. Es zeigt, wie vorteilhaft es ist, sich wie ein Kind auf etwas einlassen und nur das spüren zu können, was ist, und wie wichtig im Aufstellen Ordnung und Reihenfolge sind. Wir erkennen, welche große Wirkung erzielt werden kann, wenn man die Dinge wieder richtigstellt – und das ist das Ziel von Ho'oponopono und vom Familienstellen. Für jemandem, der noch nie an einer Aufstellung teilgenommen hat, mag das folgende Beispiel ungewöhnlich erscheinen, doch gerade deshalb können wir so viel aus diesem lernen.

Philip ist zwölf Jahre alt. Er kommt aus Kroatien und lebt mit seiner Mutter Maria seit fünf Jahren in Deutschland. Maria und Philips Vater haben sich vor acht Jahren getrennt. Seit vier Jahren ist sie wieder glücklich verheiratet, und Philip und sein Stiefvater haben ein ausgezeichnetes Verhältnis. In den Sommerferien besucht Philip seinen leiblichen Vater regelmäßig in Kroatien, hält sich dann allerdings die meiste Zeit bei seinen Großeltern auf, da sein Vater tagsüber als Taxifahrer arbeitet.

Maria bittet für sich und Philip um einen persönlichen Beratungstermin, und wir, meine Partnerin Andrea Bruchacova und ich, vereinbaren mit den beiden eine Aufstellung mit Bodenankern und Stofftieren als Stellvertretern. Das Anliegen lautet, das Verhältnis zwischen Vater und Sohn zu verbessern. Wenn Philip über seinen Vater spricht, bezeichnet er ihn als arm, schwach und zurückgeblieben, als jemanden, der kein Geld hat, um das Taschengeld seines Sohnes aufzubessern. Man sieht, dass Philip insgesamt unter

135

der Abwesenheit des Vaters und der Großeltern leidet. Es liegt ein Schatten über dem Herzen des Kindes.

Philip hat als Zuschauer bereits an Aufstellungen teilgenommen und kennt das Prozedere. Er wählt aus einer Sammlung von Stofftieren einen kleinen Hund als Stellvertreter für seinen Vater aus und legt ihn in eine Ecke. Als Stellvertreter für sich selbst legt er einen Bodenanker, ein Blatt Papier mit einem Pfeil für die Blickrichtung, in die Mitte des Raumes. Wir fragen Philip, wie sich sein Vater fühlt. »Mein Vater fühlt sich klein und schwach.« »Und wie fühlst du dich?«, fragen wir ihn. »Ich fühle mich irgendwie besser, kräftig. Na ja, wir leben in Deutschland.« – »Darf dein Vater näher zu dir?« – »Nein.«

Wir bitten Philip daraufhin, zwei Objekte zu stellen, die seine Großeltern repräsentieren sollen. Er nimmt sich zwei Blätter, schreibt auf diese die kroatischen Wörter für Opa und Oma und legt sie näher zu sich. Es entsteht ein Dreieck aus Vater, Großeltern und Philip. »Wie fühlen sich deine Großeltern?« – »Meine Großeltern fühlen sich traurig.« – »Was fühlt jetzt dein Vater?« – »Mein Vater muss nun etwas höher sitzen. Können wir den Hund auf einen Stuhl legen? Mein Vater fühlt sich als etwas Besseres als seine Eltern. Er blickt auf sie herab, weil sie es zu nichts gebracht haben.«

Erkennen Sie hier, liebe Leserin und lieber Leser, bereits das Muster? Philip schaut auf seinen Vater herab, so wie dieser auf seine Eltern herabblickt. Philip und sein Vater glauben, die Älteren hätten versagt, wodurch sich die beiden selbst schwächen. Die Energie, das Mana, und der Segen der Ahnen sind blockiert.

Ho'oponopono und Familienstellen

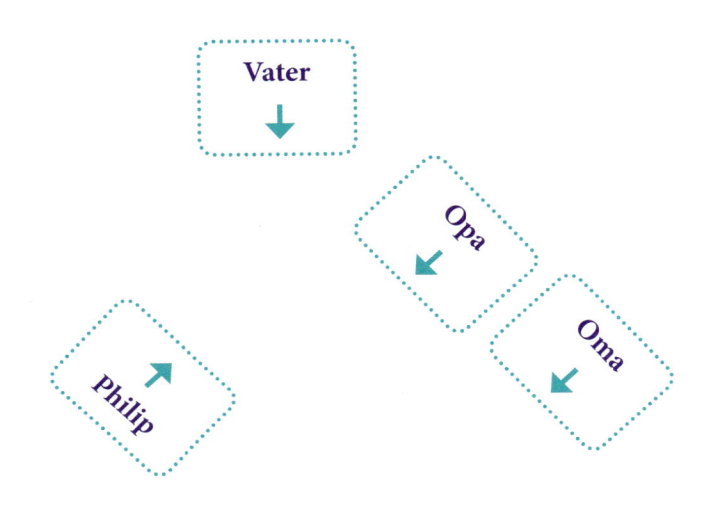

Vater ↓

Opa ↙

Oma ↙

Philip ↗

Im nächsten Schritt bringen wir Ordnung in das System und klären die Reihenfolge. Wir bitten Philip, sich auf den Platz seines Vaters zu stellen und stellvertretend für seinen Vater zu den Großeltern zu sprechen: »Ihr seid die Großen, und ich bin der Kleine. Ihr seid meine Eltern, und ich bin euer Sohn. Es tut mir leid, dass ich auf euch herabgesehen habe. Bitte verzeiht mir. Ich liebe und respektiere euch. Danke.« Wir bitten Philip, sich zu verneigen.

Philip stellt sich nun auf den Platz der Großeltern. Er spricht stellvertretend für seinen Großvater (da es hier um die Vaterbeziehung geht): »Ich bin dein Vater. Ich bin der Große, und du bist der Kleine. Ich liebe und respektiere dich. Danke.« Philip spürt in die Position hinein und sagt, dass seine Großeltern sich jetzt stark fühlen und sich über die gute Beziehung freuen. Philip möchte Vater und Großeltern näher zueinander rücken.

Philip setzt sich als Beobachter der Aufstellung auf einen Stuhl. Wir fragen, ob sein Vater etwas näher an ihn, an seinen Bodenanker, heran darf. Er bejaht es. Wir bringen den Stuhl samt Hund näher. Wir bitten Philip, sich auf die Position des Vaters zu stellen und stellvertretend für seinen Vater zu Philips Bodenanker zu sprechen: »Ich bin dein Vater, und du bist mein Sohn. Ich bin der Große, und du bist der Kleine. Es tut mir leid. Bitte verzeihe mir. Ich liebe dich. Danke.«

Wir wissen nicht, was hier genau leidtut, doch Philip fühlt sich sicherlich in seinem Herzen durch die Trennung seiner Eltern verletzt. Das wollen wir im vereinfachten Ho'oponopono lösen. Wir fragen Philip, wie sich sein Vater nun fühlt. Philip meint, dass sein Vater sich hervorragend fühlt. Sein Vater sei genauso stark wie sein Sohn. Vor der Aufstellung hatte sich Philip größer als sein Vater gefühlt, teilweise auf ihn herabgeblickt und auch bei den Großeltern die Position seines Vaters eingenommen.

Als Aufstellungsleiter stelle ich mich nun selbst auf Philips Bodenanker, damit Philip die Lösung schrittweise von sich getrennt als Bild beobachten kann. Ich sage: »Du bist mein Vater, und ich bin dein Sohn. Das Leben kam durch dich zu mir.« Es herrscht eine Minute des Schweigens. »Ich hatte in der Vergangenheit die Rollen vertauscht. Es tut mir leid. Bitte verzeihe mir. Du bist der Große, und ich bin der Kleine. Ich liebe dich. Danke.« Wir fragen Philip, ob der Vater sich ihm nähern dürfe, und er begrüßt das.

Es ist von großem Vorteil, sich bei Veränderungen im Raum bei den Stellvertretern ein Feedback einzuholen. Wir fragen Philip, wo jetzt die Großeltern stehen sollen. Philip bittet auch die Großeltern näher heran. Sie stehen in einem leichten Winkel hinter dem Vater, aber gut sichtbar für Philip.

Ho'oponopono und Familienstellen

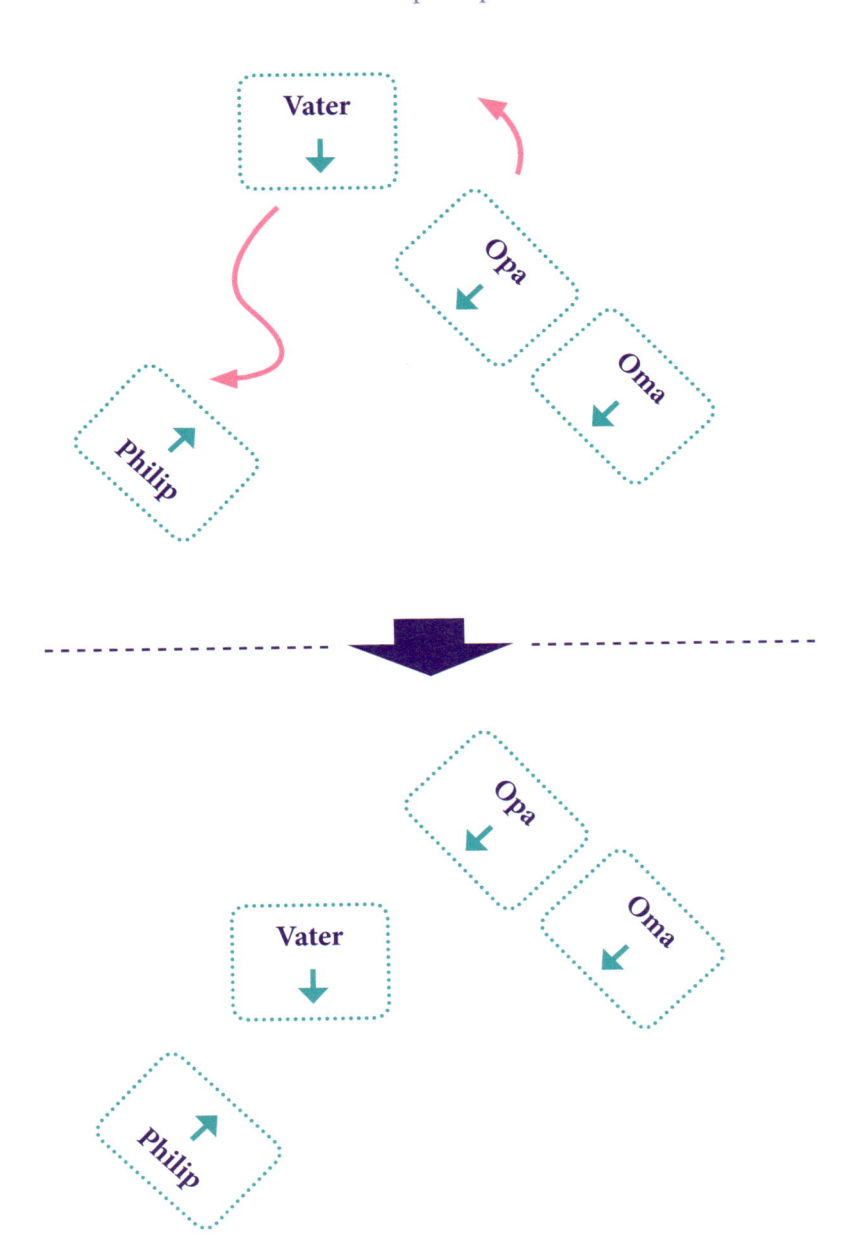

Wir bitten Philip, sich auf seinen Bodenanker zu stellen. Er tritt auf seinen Bodenanker und verneigt sich. Wir lassen ihn folgende Sätze zu den Großeltern sprechen: »Ich bin euer Enkel, und ihr seid meine Großeltern. Danke.« *Er wendet sich seinem Vater zu:* »Ich bin dein Sohn, und du bist mein Vater. Ich ehre dich und dein Leben. Ich liebe dich. Danke.«

Wir fragen Philip, wie er sich fühlt, und er antwortet: »Großartig!« *Wir lassen das Lösungsbild für eine Minute ruhen und wirken. Anschließend räumen wir die Bodenanker weg und schütteln den Hund und die anderen Stofftiere aus. Überhaupt sollten Stellvertreter sich abklopfen oder schütteln, nachdem sie aus einer Rolle herausgetreten sind. Gemeinsam trinken wir noch eine Tasse Pfefferminztee und sprechen über das Wetter. Ich muss zugeben, dass wir alle sehr stolz auf Philip waren. Die gesamte Aufstellung hatte nur circa dreißig Minuten gedauert.*

Eine Woche später ruft Philip uns an und berichtet, dass sein Vater ihm zwanzig Euro überwiesen hätte. »Das ist das erste Mal, dass er das gemacht hat, und es ist ein echt großer Betrag.« *Er freue sich schon auf die nächsten großen Ferien bei seinem Vater und natürlich auch bei den Großeltern.*

Wir hören häufig von diesen unerwarteten Wendungen im Leben, von der Heilung von Beziehungen zu Müttern, Vätern, Kindern, Kollegen und Arbeitgebern, zu Nachbarn, Häusern und Wohnungen, zu sich selbst, dem Leben und vielem mehr. Nicht immer geschieht eine Heilung so schnell wie in unserem Beispiel, doch im Ho'oponopono sagt man Danke: »Danke für das Wunder. Ich kann es zwar noch nicht sehen, aber ich weiß, dass es bereits zu mir unterwegs ist.«

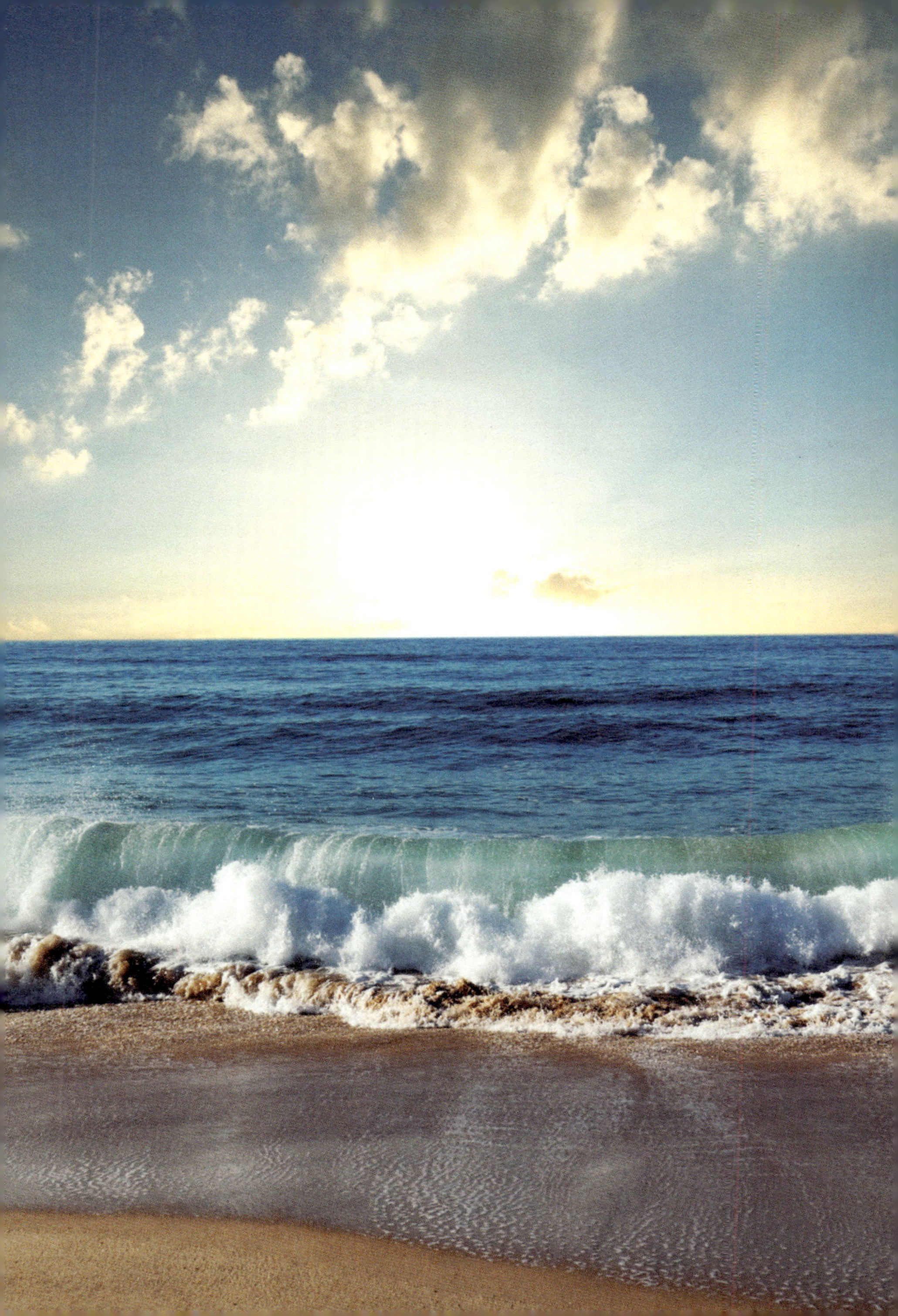

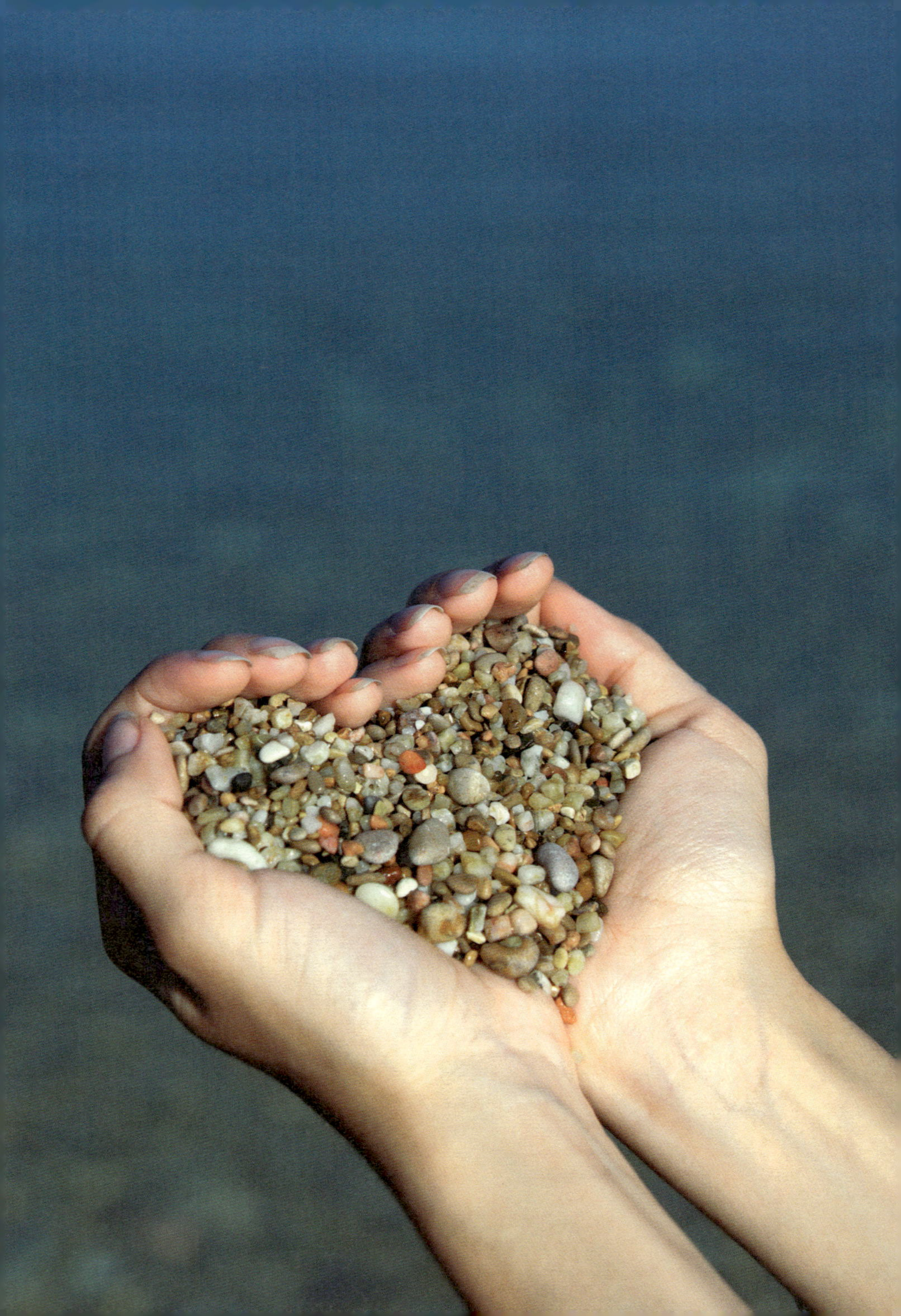

Trenne und verbinde – Teil 2

Ich bin im Zeichen des Steinbocks geboren, und wenn man der Astrologie Glauben schenkt, so sind Steinböcke erdige und praktisch veranlagte Menschen. Astrologie hin oder her – ich bin ein praktischer Mensch und schaue, was funktioniert. Weil ich nach Glück und Frieden suche, versuche ich also, glücklich und friedvoll zu sein. Das gelingt mir nicht immer, doch ich arbeite daran, denn der Weg ist ja bekanntlich das Ziel. Äußeren Frieden erlangt man durch inneren Frieden. Äußeren Reichtum erschafft man durch inneren Reichtum. Äußere Einigkeit und Glück erlangt man durch freudvolles und enthusiastisches Handeln – indem man im Hier und Jetzt glücklich ist und nicht erst in der Zukunft.

Alle Menschen streben danach, glücklich zu sein, und am glücklichsten sind wir, wenn all unsere Beziehungen in Ordnung sind. Dieses Miteinander beginnt in einem liebevollen Umgang mit uns selbst – ganz nach dem Motto: »Heile dich selbst, und heile die Welt.« Deshalb ist die Botschaft dieses und all meiner Bücher eine Botschaft des Friedens – so wie innen, so außen. Ja, ich bin zutiefst davon überzeugt, dass die große Familie aller Lebewesen und unser Ökosystem, also das Haus, in dem wir leben, wieder ins Gleichgewicht kommen, wenn wir selbst, Sie und ich, wieder in unsere Mitte kommen und dabei auf das Verbindende in unseren Herzen blicken, auf die spirituelle Quelle, und das trennende Ego überwinden: *Nana I ke kumu* (haw.: Schaue auf die Quelle).

Von einem weisen Mann hörte ich folgende Geschichte: Ein Hund erkennt sein Herrchen, egal, ob dieses eine Badehose oder einen Anzug trägt, eine Perücke aufsetzt, seinen Bart abrasiert, einen Overall überzieht oder vollkommen nackt ist. Ein Hund erkennt sein Herrchen – immer.

Werden wir uns also bewusst, dass uns irgendetwas im Herzen miteinander verbindet, und gerade weil wir verschieden sind, haben wir so unterschiedliche Namen für dieses Etwas: Universum, alles durchdringende Intelligenz, die Liebe, die Urquelle, Krishna, Jehova, Allah, der liebe Gott, Buddha, Ke Akua, Vishnu …

Was uns verbindet, ist das Leben. Auf diesem Planeten wird häufig um Ideologien gestritten, und Menschen beanspruchen geizig die Wahrheit für sich. Auch ein Familienkonflikt ist meist nur ein Streit um Meinungen und Überzeugungen, die so oft auf Missverständnissen und Angst gründen. So gilt es, vom Hund zu lernen, der die Essenz erkennt, gleich, wie sie sich verkleidet hat.

Lassen Sie uns deshalb gemeinsam und gleichzeitig jeder für sich einen Weg des Friedens gehen. Familienstellen und Ho'oponopono können dabei eine Hilfe für Sie sein. Beide Methoden zielen auf Heilung, das Vollständigsein, ab. Ihre Lösungsansätze beruhen auf dem Prinzip, jenes, was abgelehnt wurde, wieder in die Gemeinschaft aufzunehmen. Die heilende Kraft ist dabei das Feld der Liebe, das von den Anwesenden durch ihre Bereitschaft und willentliche Entscheidung aufgebaut wird. Mit dem Wort »Danke« geben wir gleichsam die Erlaubnis zur Heilung. Ich wünsche Ihnen von ganzem Herzen eine glückliche Zeit mit diesen beiden Werkzeugen, die Ihnen helfen, Ihre Beziehungen auf allen Ebenen zu heilen.

Vielen Dank und Mahalo, wie man auf Hawaiianisch sagt

Ihr Ulrich Emil Duprée

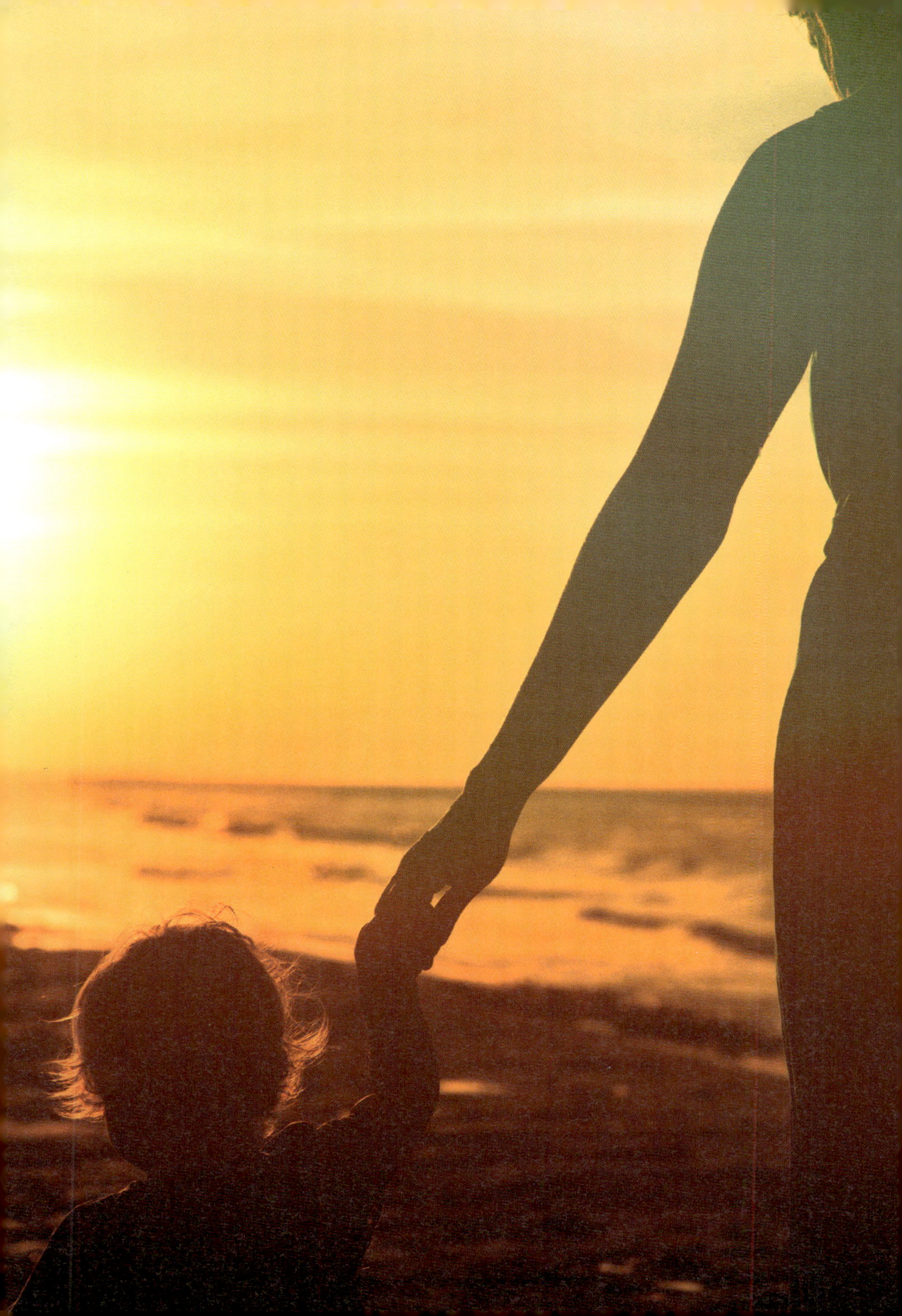

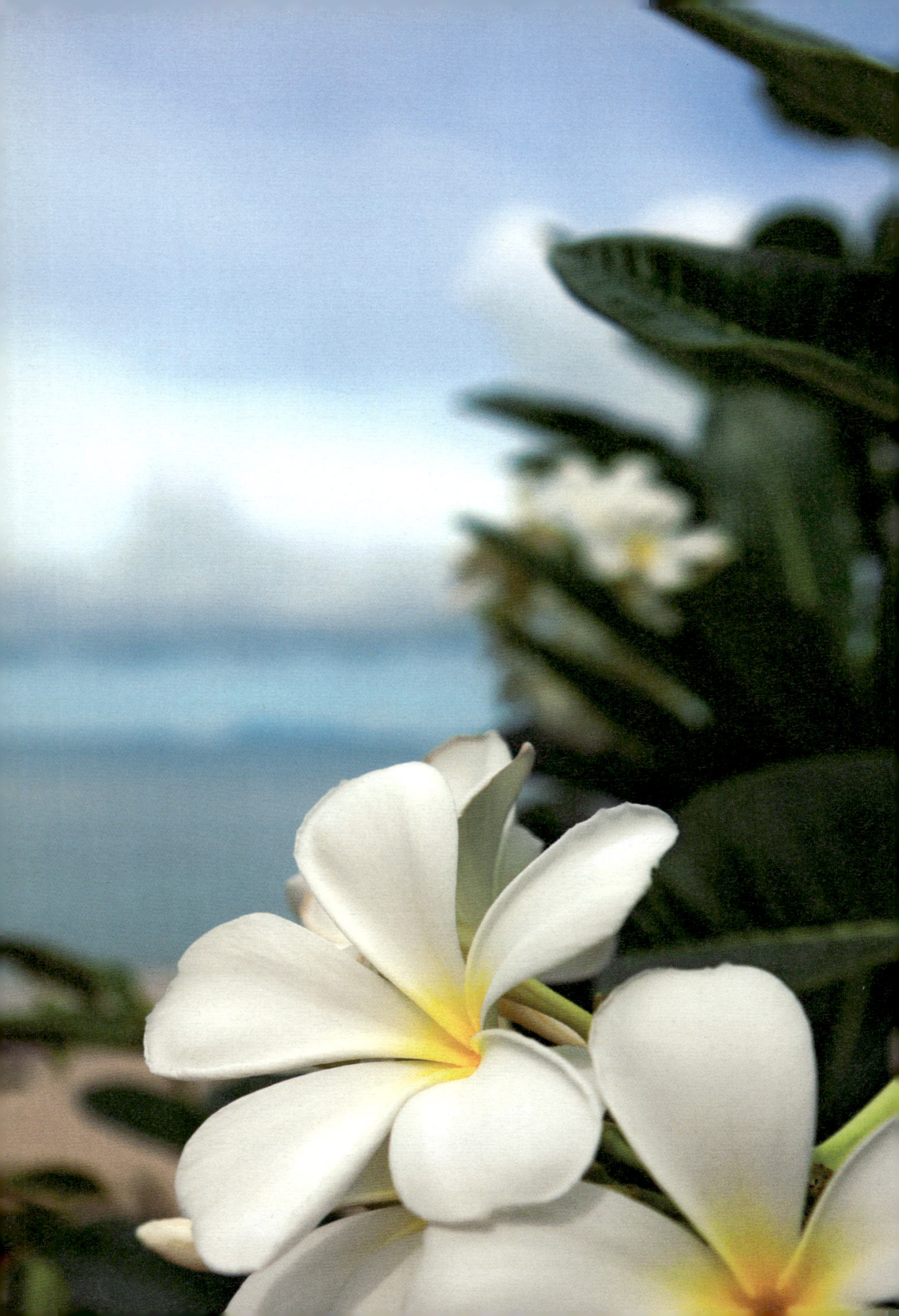

Anhang

Die hawaiianische Familienkonferenz im Detail

Das traditionelle Ho'oponopono besteht aus zwölf Schritten und gliedert sich in vier Abschnitte. Diese vier Abschnitte sind wie die Jahreszeiten, und die einzelnen Schritte entsprechen den Monaten. Mary Kawena Pukui betonte, dass Ho'oponopono kein isolierter Aspekt sei, sondern immer die Gesamtheit von *Pule, Mahiki, Mihi* und *Kala*:

(1) Pule: Die Eröffnungsphase mit einem Gebet und dem Bestimmen des Problems.
(2) Mahiki: Die Diskussionsphase mit der Beschreibung der Wahrnehmungen, Sichtweisen, Gefühle und Gründe für das Verhalten.
(3) Mihi: Das wechselseitige Entschulden, Verzeihen, Vergeben, die Entlassungsphase der gegenseitigen herzenstreuen Vergebung und der Entlassung aller negativen Gefühle.
(4) Kala: Die Abschlussphase mit Gebet und dem Dank an alle Beteiligten, sich für die Harmonie und Liebe entschieden zu haben. Gleichzeitig bekräftigt man das gemeinsame Ziel. Danach isst man zusammen.

Meine Frage nach der Bedeutung und Richtigkeit der verschiedenen Ho'oponopono-Varianten beantwortete mir die Urgroßnichte von Morrnah Simeona, die 2014 verstorbene hawaiianische Priesterin Haleka Iolani Pule, mit den Worten: »Alle Varianten sind wie die Blätter an einem Baum. Die Blätter sind nicht der Baum. Im Ho'oponopono geht es nicht darum, wer recht hat. Es geht um gute Beziehungen.«

Pule – Das Gebet

Ho'oponopono beginnt mit einer Anrufung der Ahnen oder der Urquelle. Dieses Gebet bildet eine machtvolle Grundlage für einen erfolgreichen Start. Alle Anwesenden werden auf ein höheres Energieniveau gehoben. Gebete gehören zu den Kahuna-Wissenschaften und sind die Essenz des schamanischen Ho'oponopono.

In diesem Gebet *(Pule)* bittet man um Beistand, Verständnis, richtiges Zuhören und richtiges Sprechen. Man bittet um die Kraft zu sprechen, ohne den anderen zu beschuldigen oder zu verletzen. Ähnlich wie in der gewaltfreien Kommunikation spricht man von der eigenen Wahrnehmung, den persönlichen Gefühlen und den eigenen Bedürfnissen. Man bittet um die Kraft, den anderen hören und verstehen zu können: »Was sagt er oder sie, ohne dass es durch meine Verletztheit gefiltert wird?« Man bittet um die Kraft, die Wahrheit ausdrücken zu können, damit alle Beteiligten verstehen, was man sagen möchte. Man bittet um das Erkennen der Ernsthaftigkeit der Situation und die Möglichkeit, wieder in die Harmonie zu gelangen. Man dankt für die Gelegenheit, einander im Verstehen nahe zu sein, und darum, Liebe annehmen und geben zu dürfen. Man dankt für die Kraft der Vergebung. Man bittet um Weisheit, Verstehen, Aufmerksamkeit, Mut, Wahrheit und Intelligenz.

Kūkulu Kumuhana

Kūkulu Kumuhana gilt als Aufwärmphase. Alle Beteiligten werden sozusagen an Bord des Teams geholt, und alle Widerstände gegen den Prozess, zurück in die Harmonie zu gelangen, werden abgelegt. Das Ziel, nämlich das individuelle oder das Gruppenproblem liebevoll lösen zu wollen, wird bekräftigt und zusammengefasst. *Kūkulu Kumuhana* sind die zielgerichteten guten Wünsche und Segnungen der Gruppe für alle Streitparteien.

Hala und *Hihia*

Mit *Hala* wird das spezifische Problem bezeichnet. Jemand sucht vielleicht Hilfe bei persönlichen Problemen, bei Konflikten in der Schule oder im beruflichen Leben. Vielleicht gab es den Bruch einer Vereinbarung, einen Regelverstoß, unerfüllte Erwartungen, Missverständnisse oder ein Verbrechen. Was es auch sein mag, *Hala*, das grundlegende Problem, ist häufig kaum fassbar. Deshalb schließt sich an *Hala* direkt *Hihia* an. *Hihia* sind die Ebenen der Problematik, ihre Wirkungen und ihre facettenreichen Ausdrucksformen im interpersonellen »Wahn-Sinn« (der Sinn dessen, was man wähnt und glaubt: Er hat gesagt, dass sie gesagt hat ... und deshalb ...). Alles, was uns stört, ärgert und verwirrt, ist ein Zeichen dafür, dass wir nicht in uns ruhen und etwas in uns wieder zurechtgerückt werden muss.

Wer schon einmal eine Familienaufstellung gemacht hat, kennt die vielen Dimensionen einer energetischen Störung und ihr destruktives Wirken in und durch Raum und Zeit. Mit anderen Worten: *Hihia* – Herzlich willkommen in den Dimensionen der Illusion, in der Welt der Einbildungen, Frustrationen, unersättlichen Wünsche, der Missverständnisse, Muster, Reaktionen und negativen Glaubenssätze. Die Gesamtproblematik ist vergleichbar mit einem Eisberg: *Hala* ist die Spitze, der offensichtliche Konflikt, während *Hihia* unter der Wasseroberfläche die Verletzungen, das Leid der Ahnen und der Beteiligten darstellt. *Hihia* können auch Beteiligte und Beobachter eines Konflikts sein.

Mahiki

Ein Problem wird immer auf vielen unterschiedlichen Ebenen sichtbar, und die Phase der Diskussion darüber heißt *Mahiki*. Man spricht über das, was man sieht, hört und empfindet. Man spricht über die eigenen Bedürfnisse und über die Bedürfnisse der Gruppe, z. B. über Vereinbarungen, Erwartungen, Wünsche, Hoffnungen, Ziele, Ursachen und Wirkungen. Dieses Gespräch ist ein Selbstfindungsprozess. Jeder Beteiligte geht in sich und sucht nach seinen wahren Motiven. *Mahiki* ist selbstkritisch, niemand wird beschuldigt oder verurteilt. Man fragt sich: »Was ist die eigentliche Ursache für meine Empfindung und für mein Handeln? Was habe ich getan oder versäumt zu tun? Was habe ich getan oder versäumt zu tun, wodurch ich ein Teil des Problems bin?« *Mahiki* bedeutet wörtlich »Schälen einer Zwiebel«, und wenn eine Schicht der Verletzungen nach der anderen zum Vorschein kommt, wird eben viel geweint.

Mana'o

Mana'o ist die Phase, in der jeder Teilnehmer aufgefordert ist, seine Gefühle, Beweggründe, Empfindungen, Wahrnehmungen und Bedürfnisse sachlich mitzuteilen, damit alle Beteiligten verstehen können, wie es zu dem gekommen ist, was vorgefallen ist. Ho'oponopono stellt die Gruppe, das Gemeinsame in den Vordergrund.

Ho'omalu – Die Auszeit, das In-sich-Gehen

Anderen mit Beschimpfungen, emotionaler Erpressung, verbaler oder körperlicher Gewalt zu begegnen, ist ein Zeichen für starke innere Verletzungen. Wenn die Frustration (ausgelöst durch unerfüllte Erwartungen und Wünsche) groß ist, kann es hitzig werden. Dann wird *Ho'omalu* ausgerufen, eine Zeit der Ruhe, der Besinnung und der

Verinnerlichung. Die Kraft entsteht in der Ruhe. Das Verständnis wächst, wenn man lernt, sich in Ruhe verständlich auszudrücken. Das gemeinsame Ziel ist die Harmonie und nicht das Durchsetzen von persönlichen Begierden. Harmonie darf nicht erheuchelt werden. Sie ist nicht das Ergebnis einer Friede-Freude-Eierkuchen- oder Heile-Welt-Mentalität, sondern die Suche nach der Erkenntnis, dass ein kreatives Miteinander möglich ist. Dann erfolgt die Synergie von ganz allein.

Mihi – Das wechselseitige Entschulden, Verzeihen, Vergeben

Mihi ist das sichere, aus dem Herzen heraus Gesprochene. Es ist das Eingestehen, etwas »Hässliches« und Destruktives getan zu haben. *Mihi* ist das innere Bestreben, den Frieden und die Klarheit durch die Bitte um Vergebung wiederherzustellen. *Mihi* bedeutet zu vergeben, und wann immer um Vergebung gebeten wird, wird Vergebung gegeben. Es ist das wechselseitige Verzeihen und Vergeben. *Mihi* erfolgt in drei Schritten: (1) das Entschulden auf materieller Ebene, (2) das Verzeihen auf intellektueller Ebene und (3) das Vergeben auf spiritueller Ebene im Herzen.

Das Entschulden ist das Zurückgeben von Schulden. Es ist der physische, materielle Teil, bei dem der Täter Geld oder andere Dinge zurückgibt bzw. Vereinbarungen zur Rückerstattung und Wiedergutmachung getroffen werden. Im vereinfachten Ho'oponopono sagen wir hier: »Es tut mir leid«, weil man versteht, dass sowohl Opfer als auch Täter gelitten haben. Wenn wir das Familienstellen mit Ho'oponopono verbinden, verneigen wir uns und sagen: »Es tut mir leid.«

Nun folgt das Verzeihen. Opfer und Täter haben verstanden, aus welchen Beweggründen heraus man verletzend gehandelt und welche Bedürfnisse man zu erfüllen versucht hat. Diese dysfunktionalen Strategien, das Fehlverhalten und die Missverständnisse werden wechselseitig verziehen. Zusätzlich verzeiht man sich selbst – denn ohne die Selbstvergebung würde das Ho'oponopono unvollständig bleiben.

Die dritte Ebene ist eine Herzensangelegenheit. Mit »Bitte vergib mir« sprechen sich die Beteiligten an, und die Regel im traditionellen Ho'oponopono lautet, dass demjenigen, der um Vergebung bittet, Vergebung gewährt wird. Andernfalls kann die Reinigung der Beziehungen nicht stattfinden.

Kala und *Oki*

Aus *Mihi* folgt *Kala*. Sobald aus dem Herzen heraus um Vergebung gebeten und aus dem Herzen heraus Vergebung gewährt wurde, werden alle negativen Gedanken entlassen. *Kala* bedeutet »Freiheit«, da alle negativen Verbindungen, die uns aneinanderbinden (die klebrigen *Aka*-Schnüre), getrennt werden. *Kala* bedeutet, sich jetzt von allen destruktiven Gefühlen zu befreien und keine Gedanken mehr an Urteil, Vergeltung, Groll, Neid usw. zu verschwenden. *Kala* bedeutet, dass wir uns von der Vergangenheit lösen. Es ist ein Transformationsprozess, der seinen Höhepunkt in *Kalana*, der Freiheit findet. Die Situation und das Problem sind jetzt *oki*. *Oki* bedeutet »erledigt«. Nach *Mihi* und *Kala* ist das Problem vom Tisch und gilt als aufgelöst. Es ist nicht mehr nötig, noch einmal an dem Problem zu rühren. Die Festplatte wurde gelöscht. Das Problem ist bei Gott, der sich um die Transformation kümmert.

Pani

Pani ist sowohl eine abschließende Zusammenfassung der Angelegenheit im Hinblick auf die Lösung als auch eine Bekräftigung des Ziels des Individuums oder der Gruppe. Was würde ein Ho'oponopono nützen, wenn danach alle Beteiligten so weitermachen würden wie zuvor? Die Übersetzung von *Pani* lautet »rühren«, und das bedeutet, dass man nun nach einem neuen Rezept kocht.

Pule hoʻopau

Pule hoʻopau ist das abschließende Gebet. Es ist ein Dank an Gott und die Ahnen *(Aumakua)*, allen Beteiligten das Verständnis, die Intelligenz und die Weisheit gegeben zu haben, damit sie aktiv zur Lösung beitragen konnten.

Gemeinsames Essen – *Aloha*

Traditionell wird ein Hoʻoponopono mit einem gemeinsamen Essen beendet, denn gerade das ist ein Ausdruck von *Aloha* und ein guter Ausgangspunkt für die gemeinsamen Ziele und Unternehmungen.

Hilfreiche Listen

Gefühle und Emotionen mit negativer Ausrichtung

abgeschnitten	eingeengt	gezwungen
abwesend	eingeschüchtert	grimmig
angeekelt	einsam	hasserfüllt
angegriffen	elend	herabgesetzt
angespannt	empört	hilflos
ängstlich	entmutigt	hintergangen
ärgerlich	entsetzt	in die Ecke getrieben
aufgebracht	entrüstet	in Panik
aufgeregt	enttäuscht	irritiert
ausgebeutet	ermüdet	kalt
ausgelaugt	ernüchtert	kleinlaut
ausgenutzt	erschlagen	lasch
bedroht	erschöpft	lethargisch
bedrückt	erschrocken	lustlos
beklommen	erschüttert	manipuliert
beneidet	erstarrt	miserabel
benutzt	erzürnt	missbraucht
beschämt	festgenagelt	missverstanden
besorgt	frustriert	müde
bestürzt	gehemmt	mürrisch
betreten	geladen	mutlos
betroffen	gelähmt	nervös
betrogen	gelangweilt	nicht ernst genommen
bevormundet	genervt	nicht geachtet
deprimiert	gequält	nicht gehört
dumm	gereizt	nicht gesehen
dumpf	gestört	nicht respektiert
durcheinander	gestresst	nicht verstanden

Ho'oponopono und Familienstellen

nicht unterstützt	übergangen	vernachlässigt
nicht wertgeschätzt	übersehen	vernichtet
niedergemacht	unbeachtet	verspannt
niedergeschlagen	unbehaglich	verstört
provoziert	unbeweglich	vertrieben
rastlos	ungewollt	verwirrt
ruhelos	ungeduldig	verzweifelt
sabotiert	ungehalten	voller Angst
sauer	unglücklich	voller Sorgen
scheu	unruhig	voller Zweifel
schlapp	unter Druck	wertlos
schockiert	unverstanden	widerwillig
schuldig	unwichtig	wütend
schwer	unwohl	zappelig
sorgenvoll	unzufrieden	zerknirscht
streitlustig	verärgert	zitternd
streitsüchtig	verbittert	zögerlich
teilnahmslos	verlacht	zornig
tot	verlassen	zurückgewiesen
traurig	verlegen	
überfordert	verletzt	

Gefühle und Emotionen mit positiver Ausrichtung

achtsam	ausgeglichen	belebt
amüsiert	beachtet	beruhigt
angekommen	beeindruckt	beschützt
angeregt	befreit	bewegt
angenehm	befriedigt	dankbar
aufgehoben	begeistert	eifrig
aufmerksam	behaglich	energiegeladen

engagiert	gut gelaunt	selig
enthusiastisch	heiter	sicher
entlastet	hellwach	siegessicher
entschlossen	hingebungsvoll	sorglos
entspannt	hocherfreut	spritzig
entzückt	hochzufrieden	still
erfreut	hoffnungsvoll	strahlend
erfrischt	inspiriert	überglücklich
erfüllt	jubelnd	überrascht
ergriffen	klar	überschwänglich
erleichtert	kraftvoll	überwältigt
erstaunt	lebendig	umsorgt
fasziniert	leicht	unbefangen
fit	liebevoll	unbekümmert
flott	locker	unbeschwert
frei	lustig	verbunden
freundlich	mit Liebe erfüllt	vergnügt
friedlich	motiviert	verliebt
froh	munter	verstanden
fröhlich	mutig	versorgt
geachtet	neugierig	vital
gebannt	nützlich	voller Tatendrang
gefasst	offen	voller Zuversicht
gefesselt	optimistisch	wach
gelassen	positiv	weit
geliebt	respektiert	wertgeschätzt
gelöst	rücksichtsvoll	wertvoll
gerührt	ruhig	wissbegierig
gesammelt	satt	zärtlich
geschützt	schwungvoll	zufrieden
gespannt	selbstbewusst	zuversichtlich
glücklich	selbstsicher	zwanglos

Worterklärungen

Aka (haw.): Seil, Netz, Gedankensubstanz, Geschmack
Akua (haw.): Gott, Göttin, ein übernatürliches Wesen
Aloha (haw.): Liebe, göttlicher Respekt, Mitgefühl
Atma (sans.): das Selbst, der Geist
Aumakua (haw.): Ahnen, Götter der Ahnen, das höhere Selbst, Botschafter Gottes
Blema (griech.): werfen
Chakra (sans.): feinstoffliches Energiezentrum, Verbindung zu den Drüsen
Dharma (sans.): Pflicht, Berufung
Ha (haw.): das Ausatmen, das Leben, Vier
Haku (haw.): eine Art Mediator, Begleiter im Ho'oponopono
Hala (haw.): Fehler, Missetat, Übertretung, Irrtum
Hana (haw.): Aufgabe
Hihia (haw.): Verstrickung, Netz, verstrickte Beteiligte, Augenzeugen
Ho'o (haw.): verursachen, machen
Ho'omalu (haw.): Auszeit, Zeit des Schweigens, Frieden, Schutz
Ho'omauhala (haw.): nicht vergeben können
Ho'oponopono (haw.): die Dinge wieder richtigstellen
Ike (haw.): Bewusstsein, Betrachtung
Kahuna (haw.): Priester, jemand, der spezielles Wissen besitzt, ein Fachmann des Huna
Kala (haw.): loslassen, freilassen, losbinden
Kalana (haw.): Freiheit
Kanaka Makua (haw.): eine reife Persönlichkeit
Kanaloa (haw.): ein Mensch, der mit Gott wandelt, großer Heiler
Kane (haw.): Mensch
Karma (sans.): das Gesetz von Ursache und Wirkung
Ke (haw.): Artikel (der, die, das)
Ke Akua (haw.): die Urquelle, der liebende Gott im Herzen
Ki (haw.): Lebenskraft
Kūkulu (haw.): aufschichten
Kumu (haw.): Ursprung, Quelle, Tradition
Kūkulu Kumuhana (haw.): zielgerichtete gute Wünsche der Ohana, Segen im Ho'oponopono
La'akea (haw.): göttliches Licht
Lei (haw.): Kreis
Mahiki (haw.): schälen, diskutieren

Makia (haw.): Aufmerksamkeit
Makua (haw.): Eltern, Ahnen
Mana (haw.): Energie, Lebenskraft
Mana Aloha (haw.): Energie der Liebe
Mana Loa (haw.): Energie des Lichts
Mana Mana (haw.): Willensenergie
Manawa (haw.): Augenblick der Kraft
Manu (haw.): Urvater der Menschheit
Mihi (haw.): das wechselseitige Verzeihen, Entschulden
Noo Noo (haw.): Bewusstsein
Odem (hebr.): göttlicher Atem
Ohana (haw.): Familie, Sippe, Stamm oder familienartiger Verbund
oi'a'io (haw.): die absolute Wahrheit, der Geist der Wahrheit
Oikos (griech.): Haus
Oki (haw.): das endgültige Loslassen der Konflikte, das Nicht-mehr-Beachten
Pani (haw.): rühren, die Zusammenfassung, ein gemeinsames Mahl
peutein (griech.): dienen
Piha pono wai wai (haw.): das Gesetz der Fülle
Pilikia (haw.): Stress, Problem, Tragödie, Drama
Pono (haw.): richtig, flexibel, Barmherzigkeit
Pule (haw.): Verbindung, Gebet
Theos (griech.): Gott, Göttin, ein übernatürliches Wesen
Tutu (haw.): Lehrer
Uhane (haw.): das sprechende Selbst, das mittlere Selbst, das Wachbewusstsein
Unihipili (haw.): das untere Selbst, das innere Kind, das Unterbewusstsein
Wai Wai (haw.): das Leben als fließendes Wasser von materiellem und spirituellem Reichtum

Dank

Ich verneige mich vor Gott, der Schöpfung und all meinen Lehrern der Vergangenheit, der Gegenwart und der Zukunft. In diesem Buch danke ich vor allem dem Historiker Dr. Sebastian Diziol und den Systemaufstellerinnen Isolde Böttcher und Myra Maas. Mein besonderer Dank gilt meiner physischen und geistigen Familie. Mein großer Dank geht an Andrea Bruchacova und das ganze Team des Schirner Verlags.

Über den Autor

Ulrich Emil Duprée ist Buchautor und Seminarleiter für Aufstellungen und Ho'oponopono. Seine bisher acht Bücher wurden in neun Sprachen übersetzt und erscheinen in dreizehn Ländern. Er ist Mitglied der »International Association for Conflict Resolution« (internationale Gesellschaft für Konfliktlösung) und der »Peacebuilding and Conflict Transformation« (Friedensbildung und Konfliktlösung). Zur Vertiefung des Buchinhaltes bietet er ganzjährig Seminare an verschiedenen Orten an.

www.Heile-dein-Herz.de

Bildnachweis

Bilder von der Bilddatenbank www.shutterstock.com: Schmuckelemente: Palmenblatt: #78205066 (© lalan), Sonne #140141827 (© Transia Design), Blumen neben der Seitenzahl: #74069455 (© SPYDER)

S. 8: #79617205, S. 13: #112573919, S. 35: #90221005, S. 141: #93317674 (© Galyna Andrushko), S. 14: #149402363, S. 88: #128701034 (© Maridav), S. 44: #101437945 (© naluwan), S. 54/55: #209140201 (© pogonici), S. 69: #124772626 (© Radoslaw Lecyk), S. 70: #1347370 (©Dhoxax), S. 82: #291404864 (© Yuriy Kulik), S. 87: #571861 (© Jack Haefner), S. 93: #126682628 (© Romolo Tavani), S. 101: #140544421 (© Berkomaster), S. 120: #151632683 (© Evgeny Atamanenko), S. 133: #165641630 (© Willyam Bradberry), S. 135: #289272446 (© savitskaya iryna), S. 142: #57848722 (© d:gis), S. 145: #270099857 (© Nadezhda1906), S. 147: #193602281 (© Preto Perola)

Ebenfalls vom Autor im Schirner Verlag erschienen:

Ulrich Emil Duprée
Hoʻoponopono
Das hawaiianische
Vergebungsritual
ISBN 978-3-8434-5030-0
112 Seiten

Erfahren Sie, wie Sie mithilfe von Vergebung z. B. Beziehungsprobleme, Streit und Selbstvorwürfe auflösen und sich gleichzeitig wieder mit der Quelle aller Kraft in Ihrem Herzen verbinden können. Ulrich Emil Duprée erklärt Ihnen in diesem Büchlein auf einfache und anschauliche Weise die Entstehung und Anwendung von Hoʻoponopono sowie die ihm zugrunde liegenden geistigen Gesetze. Viele praktische Übungen bieten Ihnen einen leichten und direkten Einstieg in das Vergebungsritual.